Sybille Günther

FEUERWERK & FUNKENTANZ

**Zündende Ideen: Spiele, Lieder und Tänze,
Experimente, Geschichten und Bräuche
rund ums Thema Feuer**

Illustrationen von Vanessa Paulzen

Ökotopia Verlag, Münster

IMPRESSUM

Autorin: Sybille Günther

Illustrationen: Vanessa Paulzen

Lektorat: Martina Kroth

Notensatz: Ja.Ro.-Music, Taunusstein

Satz: Studio Bandur, Idstein-Wörsdorf

ISBN: 3-931902-85-4

1 2 3 4 5 6 7 8 · 08 07 06 05 04 03 02 01

Alle Lieder dieses Buches gibt es auf der CD:
H. E. Höfele & Kindermusiktheater „Firlefanz"
Feuerwerk & Funkentanz
Lieder, Tänze und Geschichten rund um das Thema Feuer

ISBN: 3-931902-86-2

INHALTSVERZEICHNIS

VORWORT

Kindern den Umgang mit Feuer, der ältesten Kulturerrungenschaft der Menschheit, ganzheitlich zu vermitteln, ist Ziel des Buches. Vom himmlischen Ursprung zur irdischen Nutzung des Feuers bietet es eine Fülle von Informationen und Aktivitäten rund um die lodernde Flamme. Allen feurigen Ereignissen geht eine sichere Anleitung voraus. So können Kinder das Feuer in seiner wohltuenden, wärmenden, lichtspendenden und gemeinschaftsfördernden Wirkung erfahren, damit sie zum überlegten, vorsichtigen Umgang mit dieser Naturgewalt finden. Das Buch will die Angst vor dem Feuer nehmen und jene Achtung vermitteln, die den Völkern, die heute noch mit dem offenen Feuer umgehen, selbstverständlich ist.

Als Naturforscher, Steinzeitmenschen, Ofenbauer, Bäcker, Töpfer, Schmiede, Kerzenzieher und Bootsingenieure vollziehen die NutzerInnen des Buches die Kulturentwicklung des Feuers nach.
Die fünf Kapitel geben mit Sachtexten, Geschichten, Bastel- und Bauanleitungen, Rezepten und Versuchen Antwort auf die Fragen:
Wo kommt das Feuer her?
Wie wird Feuer gemacht?
Wozu wird Feuer gebraucht?
Wann wird ein Feuer entzündet?
Wie wird Feuer gelöscht?
In Spielen, Liedern und Tänzen spüren die Kinder dem Erfahrenen nochmals nach und verleihen dem „Feuer in uns" Ausdruck.
Durch einen Hütepass wird den Kindern nach und nach der sichere Umgang mit dem Feuer bescheinigt. In diesem Ausweis ist vermerkt, an welchen Aktivitäten zum Thema Feuer sie sich schon erfolgreich beteiligt haben. Die Kinder werden dies als Auszeichnung, aber auch als Verpflichtung erleben, mit dem Feuer verantwortungsvoll umzugehen. Wichtig ist für die erwachsenen NutzerInnen des Buches, dass sie alle Aktivitäten, die sie mit Kindern planen, vorher selbst ausprobiert haben. So überwinden auch sie Unsicherheiten und können die Kinder sicher anleiten.

Das Buch bietet sich an für die Brandschutzerziehung in der Grundschule, da es auf alle Themen dieser Unterrichtseinheit vertiefend eingeht. Es ist wertvoll für den Einsatz im Kindergarten, um das Thema Feuer spielerisch in den Kindergartenalltag einzubringen. Aufgrund seiner Fülle von Versuchen eignet es sich auch für weiterführende Schulen, weil im Bereich „Naturphänomene" Grundlagen der Chemie und Physik anschaulich vermittelt werden. Durch die Sachtexte entdecken selbst Erwachsene Interessantes, Wissenswertes und gewinnen neue Einsichten rund ums Thema Feuer. Das Buch bereichert jede Zelt- bzw. Ferienfreizeit mit Kindern und Jugendlichen, auch manche erfahrenen PfadfinderInnen können hier noch neue Tipps zum Umgang mit Feuer finden. Selbst Gruppenleiter von Jugendfeuerwehren erhalten neue Anregungen, um den angehenden „Floriansjüngern" Kenntnisse im Feuerlöschen leicht nachvollziehbar zu vermitteln.

WIE DAS FEUER ZU DEN MENSCHEN KAM

Vor vielen hunderttausend Jahren, als unsere Vorfahren noch nicht in Häusern wohnten, noch keine Zentralheizung kannten, geschweige denn in Autos fuhren, brannten die ersten Feuer auf der Erde. Diese waren nicht durch Menschenhand entstanden, sondern wurden von der Natur selbst entfacht.

In Waldgebieten entstehen natürlich entzündete Feuer meist durch Blitzeinschlag. Bei einem Vulkanausbruch spuckt die Erde selbst Feuer und in sehr trockenen Klimazonen kann schon ein kleiner Tautropfen am Morgen einen ganzen Steppenbrand auslösen, fallen die Sonnenstrahlen nur im richtigen Winkel durch ihn hindurch.

Da den Menschen das Feuer als ungebändigte Naturgewalt begegnete, empfanden sie große Ehrfurcht vor ihm und waren überzeugt, dass es nur göttlichen Ursprungs sein konnte. Einerseits empfanden sie das Feuer als Gottesgeschenk, denn es brachte ihnen Wärme und Licht und bot ihnen Schutz vor wilden Tieren. Andererseits sahen sie es als Gottesstrafe an, wenn ein Blitz unvermittelt einschlug und alles in seiner Umgebung in wütenden Brand setzte. Feuerverehrung und Opfergaben sollten den Feuergott milde stimmen.

Die Prometheussage

Lange vor unserer Zeitrechnung entstanden die griechischen Sagen des klassischen Altertums. Diese Sagen sind Zeugen früherer Weltanschauungen und gehören zu den Wurzeln unserer Kultur. Sie erzählen von der griechischen Götterwelt, deren höchster Gott Zeus war.

Auf der Erde wogte das Meer in seinen Ufern und Fische schwammen darin, in den Lüften sangen die Vögel und auf dem Erboden wimmelte es von Tieren. Aber noch fehlte ein Geschöpf, das in der Lage war die Erde zu beherrschen. Da stieg Prometheus, ein Sprössling des alten Göttergeschlechtes, auf die Erde und schuf aus Lehm den Menschen. Athene, die Göttin der Weisheit, bewunderte die Geschöpfe und blies ihnen den Geist, den göttlichen Atem ein. Prometheus half den Menschen sich auf der Erde zurechtzufinden und lehrte sie alte Weisheiten und Heilkünste. Das Einzige, was den Menschen zur Erhaltung ihres Lebens noch fehlte, war das Feuer.

Längst waren die Götter auf das Menschenvolk aufmerksam geworden. Sie verlangten Verehrung von den Menschen und versprachen dafür ihren Schutz. Prometheus verstand sich als Anwalt der Menschen und vertrat sie bei den Versammlungen der Götter. Er war ein recht geschickter Verhandlungsführer und versuchte mit mancher List, das Beste für die Menschen herauszuhandeln. Doch als er auf einer dieser Versammlungen den Göttervater Zeus bei einer Opfergabe hinters Licht führen wollte, war dieser darüber so erbost, dass er Prometheus seinen Wunsch, den Menschen auch das Feuer zu übergeben, verwehrte.

Doch so schnell gab Prometheus nicht auf. Er nahm den langen Stängel eines Riesengrashalmes in die Hand und wartete auf den Sonnengott Helios. Dieser brachte täglich das Licht auf die Erde, indem er seinen prunkvollen Sonnenwagen, der von vier ungestümen Pferden gezogen wurde, am Morgen aus dem Meer lenkte, am Tag weit über das Himmelsfirmament steuerte und am Abend wieder ins Meer tauchte.

Als die feurigen Rosse des Sonnenwagens herangestürmt kamen, war Prometheus geblendet von dem gleißenden Licht. Mutig hob er den Grasstängel an die goldenen Räder des Sonnenwagens und sofort fing der Halm Feuer. Prometheus eilte mit dem brennenden Grashalm zur Erde und brachte so den Menschen das Feuer.

Zeus ärgerte sich so sehr über den Raub des Feuers, dass er Hephaistos, den Feuergott und Schmied, damit beauftragte Prometheus mit Eisenketten an einen felsigen Abgrund zu schmieden. Prometheus konnte weder essen noch trinken noch schlafen. Ein riesiger Adler peinigte ihn täglich.
Erst Jahre später wurde Prometheus von Herakles, dem Sohn des Zeus, befreit.

Den Menschen aber schickte Zeus als Strafe allerlei Übel auf die Erde, denn bisher lebten die Menschen frei von Missgeschicken, ohne beschwerliche Arbeit und ohne quälende Krankheiten. So erhielten die Menschen durch den Raub des Prometheus zwar das Feuer, das sie zum Leben brauchten und das ihnen ermöglichte, die Erde nach ihren Vorstellungen zu gestalten, gleichzeitig mussten die Menschen künftig aber auch die Verantwortung für ihr Leben auf der Erde selbst übernehmen.

Es ist wirklich feurig heiß

Text: H. E. Höfele
Musik: G. Geisinger

Es ist wirklich feurig heiß
Und erstrahlt mit hellem Schein
Es kann qualmen mit viel Rauch
Von weit sehen könnt ihr's auch
Es schlägt Funken und kann glüh'n
Es erwärmt dich wenn du frierst
Es spendet uns auch Licht
Doch pass auf, verbrenn dich nicht!

Na habt ihr's erraten, worum es sich hier dreht?
Klar, das weiß doch jeder, dass es um das Feuer geht!

Göttlicher Funke

Die Griechen holten das Feuer tatsächlich vom Himmel auf die Erde. Dies gelang ihnen mit Hilfe eines Brennspiegels. Noch heute werden die Feuer von Olympia mit einem Brennspiegel entzündet und dann mit einer Fackel um die ganze Welt getragen zu dem Ort, an dem die Olympiade stattfindet.

Da es sich bei der Art der Funkenerzeugung um ein reines Schönwetterfeuerzeug handelt, kann dieser Versuch tatsächlich nur bei Sonnenschein durchgeführt werden.

Material: Lupe, weißes Seidenpapier (DIN A4), Eimer mit Wasser
Alter: ab 4 Jahren

Das Seidenpapier ein wenig zerknüllen und auf einen Stein- oder Asphaltboden legen. Die Lupe so halten, dass die gebündelten Sonnenstrahlen auf dem Papier einen stecknadelkopfgroßen Lichtpunkt hinterlassen.

Halten die „SonnenforscherInnen" ihren Zeigefinger der freien Hand für einen kurzen Augenblick über den kleinen „Sonnenpunkt" – so spüren sie die unglaubliche Hitze, die zwischen Lupe und Papier entsteht.

Scheint die Sonne eine Weile durch die Lupe auf das Papier, färben sich zuerst die Ränder der kleinen Sonne braun und das Papier beginnt zu qualmen.

Viel schneller klappt der Versuch, wenn die Kinder – wie Prometheus in der Sage – einige trockene Grashalme zu einem kleinen Bündel auf dem Steinboden aufhäufen und ihre Lupe im richtigen Winkel darüber halten. Die gebündelten Sonnenstrahlen entzünden im Nu die Grashalme, die dann im Sonnenlicht glimmen. Zu einem richtigen Brand kommt es allerdings nicht.

 Als Vorsichtsmaßnahme dennoch einen Eimer mit Wasser bereithalten!

Die Sonne – himmlischer Feuerball

Die Sonne ist der Mittelpunkt unseres Sonnensystems. Sie strahlt die größte Energie aus, denn sie ist über 700 Mal größer als alle anderen Planeten unseres Sonnensystems zusammen und in ihrem Inneren laufen permanent Kernreaktionen mit ungeahnter Kraft ab, bei denen die frei werdende Energie als sichtbares Licht abgestrahlt wird.

Die Sonne erwärmt unsere Erde, gibt ihr Licht und ermöglicht so das Leben auf der Erde. Sie bestimmt unsere Jahreszeiten, Wind und Wetter, Tag und Nacht, Monat und Jahr.

Die Sonnenstrahlen können uns aber auch gefährlich werden, sind wir ihnen über längere Zeit intensiv ausgesetzt. Dann verbrennt die Sonne unsere Haut und schadet unseren Augen durch gefährliche UVB-Strahlung. Diese Strahlung nimmt in den letzten Jahren zu, da die schützende Ozonschicht, die unsere Erde umgibt, durch Industrie und Abgase geschädigt wurde und wird.

So ist es wichtig, neben dem persönlichen Schutz vor zu großer Bestrahlung mit dazu beizutragen, die Abgase durch Industrie und Autoverkehr zu verringern.

Helios und Selene

In vielen Naturvölkern und in den frühen Hochkulturen (Ägypten, Peru) wird die Sonne als göttliches Wesen verehrt. Die Griechen verehrten in der strahlenden hellen Sonne den Gott Helios, während das sanfte Mondlicht durch die Mondgöttin Selene symbolisiert war. Die Germanen verehrten hingegen die Sonnengöttin Sol und ihren Bruder, den Mondgott Mani. So heißt es in unserem Sprachraum „die" Sonne und „der" Mond; in den romanischen Sprachen ist das umgekehrt.

Helios, der Sonnengott, und Selene, die Mondgöttin, waren Geschwister. Helios wohnte fern im Osten in einem prächtigen, goldenen Palast, der auf herrlichen Säulen erbaut war.

Krähte am Morgen der Hahn, spannten die Stundengöttinnen die glutsprühenden Pferde vor den Sonnenwagen des Helios. Der Wagen war aus Gold, die Speichen der Räder aus Silber. Helios bestieg den Wagen, ergriff die Zügel und die vier Flügelrosse flogen die Bahn aufwärts und spalteten die Morgennebel, die vor ihnen lagen.

Der Weg, den Helios täglich mit seinem goldenen vierspännigen Sonnenwagen fuhr, war am Morgen steil. Am Mittag war seine Laufbahn hoch oben am Himmel, so dass selbst Helios oft schwindlig wurde, blickte er in die Tiefe und sah weit unten Meer und Land liegen. Am Abend dann war die Straße ganz abschüssig, Helios musste mit letzter Kraft die Zügel halten und Tethys, die Meeresgöttin, hatte jedes Mal Sorge, Helios könnte in die Tiefe geschmettert werden.

Tief im Westen ließ Helios seine ausgespannten Pferde auf der Insel der Seeligen weiden. Dann lud er Wagen und Gespann auf eine goldene Fähre und schlief des Nachts darauf auf einem weichen Lager, während das Boot alleine auf dem Strom Okeanos, der rund um die Welt fließt, nach Osten zurück segelte.

Erst wenn Helios schlief und die Welt still war, konnte Selene, die Mondgöttin, am Himmel gesehen werden. Ihr Palast schimmerte silbern und sein Glanz spiegelte sich im großen Weltmeer. Selene wanderte des Nachts über den Himmel. Nur einmal soll sie auf die Erde herabgestiegen sein, als sie sich in einen jungen Hirten verliebte und ihn heimlich im Schlaf küsste.

Obwohl es um Selene einsam und dunkel war, besaß sie große magische Kräfte, und alles, was wachsen, sich vermehren und gedeihen soll, soll im zunehmenden Mond begonnen werden. So richteten sich die Bauern mit ihrer Aussaat und Ernte nach der Mondgöttin. Selbst das Meer gehorchte schon immer der magischen Kraft von Selene, darum gibt es Ebbe und Flut.

Es kann nur Selene gewesen sein, die mit ihrer magischen Kraft die goldene Fähre ihres Bruders Helios des Nachts auf dem großen Meer sicher nach Osten geleitete, damit dieser am nächsten Morgen in seinem goldenen Sonnenwagen den Menschen wieder den Tag bringen konnte.

Die Sonne beobachten

Da direkte Sonnenstrahlen für unsere Augen zu gefährlich sind, dürfen wir nie direkt in die Sonne schauen! ForscherInnen bedienen sich eines einfachen Tricks: Sie bilden die Sonne durch ein Fernrohr auf einem Blatt Papier ab – das ist bequem und völlig ungefährlich.

Material: Fernrohr oder ein Fernglas, weißes Papier, Stativ o. Ä. (wenn vorhanden)
Alter: ab 5 Jahren

Das Fernrohr so auf dem Stativ montieren, dass die große Öffnung zur Sonne zeigt. Ist kein Stativ vorhanden, hält ein Kind das Fernrohr entsprechend zur Sonne hin. Ein anderes hält das Papier im Abstand von ca. 50 – 100 cm hinter das Fernrohr. Dabei muss es darauf achten, dass das Papier im Schatten ist, sonst wird es von der Sonne direkt beschienen und das Projektionsbild der Sonne ist darauf nicht zu sehen.

Das Fernrohr gelegentlich von der Sonne abwenden, damit sich das Glas nicht zu sehr erhitzt. Wird zur Sonnenbeobachtung ein Fernglas verwendet, die eine Hälfte des Fernglases abdecken, um Doppelbilder zu vermeiden.
Sehen die ForscherInnen die Sonne auf dem Papier, stellen sie das Bild mit dem Fernrohr scharf. Soll das Bild der Sonne größer sein, gehen sie mit dem Papier weiter vom Fernrohr weg.
Auf dem Papier erscheint ein Spiegelbild der Sonne. Es sind auch größere und kleinere Flecken darin zu erkennen. In diesen Sonnenflecken liegt die Temperatur bei etwa 4000 °C. In der Nähe des Sonnenrandes erkennt man die so genannten Fackelherde, hier liegt die Temperatur bei 7000 °C.

Der Lauf der Sonne

Material: Sonnenschirm, gelbe Straßenkreide, Uhr
Alter: ab 4 Jahren

Einen Sonnenschirm auf einen freien Platz mit gepflastertem oder geteertem Boden stellen und aufspannen. Ein Kind malt zur nächsten vollen Stunde den Schattenumriss des Sonnenschirmes mit Kreide auf dem Boden nach.
Jede weitere volle Stunde malt ein anderes Kind den Umriss des Sonnenschirmes wieder auf den Asphalt.
Nach einigen Stunden können die SonnenforscherInnen die Veränderung des Sonnenstandes durch die verschiedenen Kreise auf dem Boden erkennen.

Sonnenuhr

Bereits mehrere Jahrtausende vor unserer Zeitrechnung beschäftigen sich die Völker des Mittelmeerraumes, in Asien und Zentralamerika mit dem Lauf der Sonne und teilten dadurch die Tages- und Jahreszeiten ein. Die Gesetze der Sonnenbewegung studierten sie mit Hilfe einer Säule, die ihren Schatten auf eine horizontale Bodenfläche wirft. Dieses Instrument gilt als Urform der Sonnenuhr.

Material: Sonnenschirm, Kreide, Uhr
Alter: ab 6 Jahren (mit Variante ab 4 Jahren)

Den Sonnenschirm auf einen freien Platz stellen, aber nicht aufspannen.
Durch die Sonnenstrahlen wirft der Sonnenschirm nun eine Linie als Schatten auf den Boden.
Die Kinder ziehen zu jeder vollen Stunde die Schattenlinie des Schirmes mit Kreide nach und schreiben die Uhrzeit dazu – eine Sonnenuhr ist entstanden!
Am folgenden Tag können die SonnenforscherInnen die Uhrzeit durch den Schatten des Schirmes erkennen – natürlich nur, wenn der Schirm wieder an der gleichen Stelle steht!

Variante ab 4 Jahren: Die Kinder malen statt der Uhrzeit ein zu dieser Zeit passendes Bild von den jeweiligen Aktivitäten im (Kindergarten-) Tagesablauf an den Schattenstrich des Schirmes.

Im Osten geht die Sonne auf – Fingerspiel

Material: keins
Alter: ab 3 Jahren

Die SpielerInnen stehen so im Kreis, dass alle genügend Platz haben, sich mit ausgestreckten Armen einmal um sich selbst drehen zu können.

Im Osten geht die Sonne auf,
sie bringt die Morgenstunde.

Die linke Hand seitlich ausstrecken und die Finger wie die Strahlen einer kleinen Sonne spreizen.

Im Süden nimmt sie ihren Lauf,
so heißt's aus aller Munde.

Die linke Hand nach oben über den Kopf führen.

Sie wird im Westen untergehn,
als feuerroter Ball;

Die rechte Hand ebenfalls über den Kopf strecken und langsam seitlich nach unten führen.

dann können wir die Sterne sehn,
die funkeln dort im All.

Die linke Hand auch seitlich ausstrecken und den Kopf zum Himmel richten.

Der Mond erzählt uns
ab und an in dieser Abendstunde.
Die Sonne geht nicht um die Welt,
die Erde dreht 'ne Runde.

Mit ausgebreiteten Armen und tüchtigem Schwung einmal um sich selber drehen.

Das Sonnenkarussel

Text: H. E. Höfele
Musik: G. Geisinger

3

Die Sonne bringt uns Wärme
Die Sonne gibt uns Licht
Sie strahlt tags hoch am Himmel
Nur nachts siehst du sie nicht.
Unsre Erde dreht sich immer
Um sie rundherum.
Nicht zu langsam – nicht zu schnell
‖: Die Erde dreht sich um die Sonne wie ein Karussell. :‖

Nicht zu langsam – nicht zu schnell
Die Erde dreht sich um die Sonne wie ein Karussell.
Die Erde dreht sich um die Sonne wie ein Karussell.

Und weiter – immer weiter und das dann Jahr für Jahr
Immer um die Sonne kreisen, das ist sonnenklar
Unsre Erde dreht sich immer
Um die Sonne herum.
Nicht zu langsam, nicht zu schnell
‖: So dreht sich unsre Erde im Sonnenkarussell. :‖

14

Das Sonnenkarussell-Tanzspiel

Musik: Das Sonnenkarussell (⊙ 3)
Material: bunte Straßenkreide
Anzahl: ab 6 SpielerInnen
Alter: ab 5 Jahren (mit Variante)

Auf den Asphalt mit Kreide in die Mitte des Platzes als Sonne einen großen gelben Kreis malen. Alle SpielerInnen, die „Sonne" sein wollen, stellen sich in diesen Kreis.
In einiger Entfernung mit blauer Kreide einen kleineren Kreis für die Erde malen. – Alle SpielerInnen, die „Erde" sein wollen, stellen sich in diesen Kreis.
Mit grüner Kreide in die Nähe der Erde unseren Mond als Kreis malen. – Die „Mondkinder" stellen sich in diesen Kreis.
Die SpielerInnen von Sonne, Erde und Mond halten sich jeweils an den Händen und bilden einen Kreis.

Setzt die Musik ein, leitet die Spielleitung den Tanz durch Ansagen:

Die Sonne beginnt sich langsam zu drehen.	*Die Sonnenkinder halten sich an den Händen und laufen im Kreis zur Musik.*
Der Mond beginnt sich zu drehen und wandert dabei um die Erde.	*Die Mondkinder halten sich an den Händen, drehen sich im Kreis und drehen sich dabei auch um die Erde.*
Die Erde beginnt sich zu drehen und wandert dabei mit dem Mond um die Sonne.	*Die Erdkinder halten sich an den Händen, drehen sich im Kreis und zusätzlich um die Sonne, allerdings nicht zu schnell, damit sie ihren Mond nicht verlieren.*

Endet die Musik, kommt das Sonnenkarussell langsam wieder zum Stand.
Die SpielerInnen können nun die Plätze tauschen. Wie bei einem richtigen Karussell haben die Kinder riesigen Spaß daran, auf neue Kreise zu hüpfen. Ist ein Kreis zu voll, nehmen einige SpielerInnen auf einem anderen Himmelskörper Platz und warten bis zur nächsten Runde.

Variante: Beherrschen die SpielerInnen das Sonnen-Karussell und sind es genügend SpielerInnen (mindestens zwei pro Planet), können weitere Planeten um die Sonne kreisen. Entsprechend unseres Planetensystems zuerst Merkur, dann Venus, Erde (mit Mond), Mars, Jupiter, Saturn, Uranus, Neptun, Pluto.

Schattenfangen

Stehen wir mit dem Gesicht zur Sonne, liegt unser Schatten hinter uns. Am Morgen ist unser Schattenbild länger, am Mittag verkürzt sich der Schatten, weil die Sonne höher am Himmel steht, am Abend wird er wieder länger. Je nachdem, zu welcher Uhrzeit wir den Schatten fangen wollen, verändert sich die Spielweise. Gespielt wird auf einer freien Spielfläche – am besten eignet sich ein geteerter Hof, da hier die Schatten deutlich zu sehen sind. Es kann aber auch im Sand oder auf der Wiese gespielt werden; wichtig ist, dass das Gelände eben ist.

Material: Straßenkreide
Alter: ab 6 Jahren (mit Variante ab 4 Jahren)

Schattenfangen am Mittag:

Die SpielerInnen stellen sich in der Reihe auf, mit dem Rücken zur Sonne. Vor sich sehen sie ihren verkürzten Schatten.

Ihnen gegenüber steht der „Schattenfänger" in etwa 4 Metern Abstand. Ein Kreidestrich markiert diese Startposition.

Der Schattenfänger ruft: *„Katzen, Mäuse, Ratten, ich fange euren Schatten!"*

- Die SpielerInnen versuchen die Startposition des Schattenfängers zu erreichen, ohne dass der Schattenfänger ihren Schatten mit den Füßen berührt.
- Der Schattenfänger versucht möglichst viele Schatten durch Berühren mit dem Fuß zu fangen.

Die SpielerInnen, deren Schatten gefangen wurde, wechseln die Seite und werden auch zu Schattenfängern. So wird mehrere Runden gespielt.

Der letzte „gefangene Schatten" wird neuer Schattenfänger.

Schattenfangen am Morgen oder Nachmittag:

Stellen sich die SpielerInnen mit dem Rücken zur Sonne, haben sie um diese Tageszeiten einen viel längeren Schatten vor sich und für den Schattenfänger ist es ein Leichtes, auf den Schatten zu treten. Schwerer wird es für den Schattenfänger, wenn die SpielerInnen mit dem Gesicht zur Sonne stehen und den Schatten hinter sich lassen.

Variante ab 4 Jahren: Ein Kind schlägt als „Trommler" sanft und rhythmisch ein Tamburin, die anderen Kinder laufen kreuz und quer über eine vereinbarte Spielfläche. Dabei müssen sie aufpassen, nicht auf den Schatten eines anderen zu treten.

Wenn der Trommler nur einmal kräftig auf das Tamburin schlägt, bleiben alle sofort wie angewurzelt stehen.

Der Trommler schaut nun, ob ein Kind den Schatten eines anderen berührt. Wer auf einem Schatten steht, bleibt für die nächste Spielrunde versteinert an seinem Platz.

Schattenmalerei

Material: keins
Alter: ab 4 Jahren

Die SpielerInnen stehen mit dem Rücken zur Sonne, damit alle ihre Schatten sehen können.
Zu zweit, zu dritt oder zu viert stellen sich die Kinder so, dass ihre Schatten gemeinsam eine Schattenbild-Figur ergeben.
Sie können sich dabei beliebig stellen – und aus der Form des Schattengebildes eine Figur „herauslesen".
Später geben die Spielleitung und/oder andere SpielerInnen eine bestimmte Figur vor.
Beispiele: ein Elefant, ein Haus, eine Palme. Stellen sich die Kinder hintereinander und breiten die Arme seitlich aus, kann ein Flugzeug entstehen, bewegen sie die Arme schlangenartig auf und ab, winkt ihnen ihr gemeinsames Schattenbild als indische Göttin zu.

Sonnenstrahlen fangen

Fensterscheiben, Spiegel und Alufolie reflektieren das Sonnenlicht. Mit Hilfe von Spiegeln können wir das Licht der Sonne in dunkle Ecken schicken.

Material: je Kind einen Taschenspiegel
Alter: ab 5 Jahren

Das Spiel findet in einem Raum statt, in den die Sonnenstrahlen fallen.
Das erste Kind stellt sich vor das geöffnete Fenster und hält seinen Spiegel so, dass die Sonnenstrahlen auf den Spiegel treffen. Nun dreht es sich langsam und die Sonnenstrahlen leuchten an der Wand.
Ein zweites Kind fängt die so umgeleiteten Sonnenstrahlen des ersten auf und leitet sie weiter in Richtung Tür.
Hier fängt ein drittes Kind die gefangenen Sonnenstrahlen wieder auf und leitet sie um die Ecke zum nächsten.
Die „SonnenfängerInnen" probieren nun aus, wie weit sie die Sonnenstrahlen auf diese Weise durchs Haus schicken können.
Gelangen die Strahlen auch in den Keller?

Lichterspiel mit der Sonne

Alle glänzenden Flächen reflektieren die Sonnenstrahlen, die Farbe schwarz absorbiert die Sonnenstrahlen.

Material: pro Kind ein Taschenspiegel, schwarzes Tonpapier, Bleistifte, Scheren, Tesafilm
Alter: ab 6 Jahren

Den Spiegel auf das Tonpapier legen, mit dem Bleistift umranden und mit der Schere ausschneiden.
Halten die Kinder das Tonpapier direkt vor den Spiegel, kann das Sonnenlicht nicht mehr zurückgeworfen werden.
Schneiden sie beispielsweise aus ihrem Tonpapier in der Mitte einen Kreis aus und kleben diesen mit Klebestreifen auf ihren Spiegel, reflektiert die Spiegelfläche an den Rändern die Sonnenstrahlen wieder, der Kreis in der Mitte bleibt aber dunkel.
Kleben sie nur das Rechteck auf den Spiegel, leuchtet der ausgeschnittene Kreis in der Mitte.

Die Kinder schneiden sich erneut ein passendes Stück Tonpapier für ihre Spiegel. Sie malen anstelle eines Kreises ein Männchen oder eine einfache Tiergestalt auf, schneiden die Figur heraus und kleben das Rechteck auf den Spiegel – jetzt kann das Lichterspiel beginnen:
Die SpielerInnen setzen sich seitlich zur Sonne vor eine Hauswand, die nicht direkt von der Sonne bestrahlt wird, damit sie die Sonnenstrahlen mit den Spiegeln auffangen und an die Wand projizieren können.
Nun können die Lichtfiguren über die Hauswand laufen und einander begegnen.
Auf diese Weise kann eine ganze Geschichte entstehen, die beim nächsten Fest aufgeführt wird – vorausgesetzt, die Sonne rückt alles ins rechte Licht.

Regenbogen selbst gemacht

Scheint die Sonne bei Regen, fallen die Sonnenstrahlen durch die Regentropfen und wie kleine Prismen spiegeln diese das Licht in allen Farben. Dann steht am Himmel ein Regenbogen.

Material: Gartenschlauch, eventuell Malstifte und Papier
Alter: ab 3 Jahren

Die Kinder stellen sich bei Sonnenschein in den Garten oder Hof und spritzen Wasser aus dem Schlauch in die Luft. Im Nu erscheint durch die Strahlen der Sonne ein kleiner Regenbogen.
Die Kinder betrachten ihn und achten auf die Farbenfolge innerhalb des Regenbogens. Sie ist immer gleich.
Wer Lust hat, malt den Regenbogen auf Papier.

Magische Räder

Material: Gymnastikreifen aus Holz (80 cm Durchmesser), 2 x 5 Stoffstreifen in fünf Farben (rot, gelb, grün, blau, lila) des Regenbogens (5 cm breit und 85 cm lang), für Holz geeigneter Tacker, Bindfaden
Alter: ab 5 Jahren (mit Hilfe)

- Die beiden lila Bänder so auf den Reifen tackern, dass ein Kreuz entsteht, das zur Orientierung dient. Die Stoffbänder dabei leicht spannen.
- Rechts oben neben dem lila Streifen beginnend jeweils ein rotes, gelbes, grünes und blaues Band zur gegenüberliegenden Seite spannen und fest tackern. Nun sind die Viertel rechts oben und links unten gefüllt.
- Das Viertel rechts unten und links oben ebenso mit den Bändern rot, gelb grün und blau füllen.
- Die Bänder in der Mitte des magischen Rades mit einem dünnen Faden zusammenbinden, damit die Farbstreifen straff gespannt sind und nicht verrutschen.

Lassen die Kinder den Gymnastikreifen schnell über den Boden rollen, ergibt sich aus der Mischung der Farben des Regenbogens die Farbe Weiß.

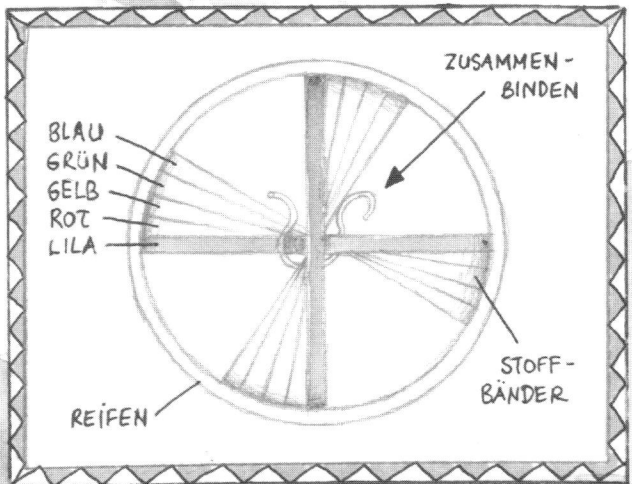

Prismen

So, wie sich das Sonnenlicht in den Regentropfen bricht, wird es auch von geschliffenem Glas gebrochen; diese Gläser heißen Prismen. Prismen gibt es zu kaufen, sind aber auch leicht selbst herzustellen.

Material: Marmeladenglas, Wasser, weißes Papier
Alter: ab 3 Jahren

Ein Marmeladenglas mit Wasser füllen und verschließen – fertig ist das Prisma!
Halten die Kinder ein weißes Papier hinter das Glas und fällt das Sonnenlicht durch das Prisma, brechen sich die Farben. Auf dem weißen Papier erscheint ein kleines Stück „Regenbogen".

Wärmende Sonne – Phantasiereise

Material: Bodenmatte für jedes Kind
Alter: ab 4 Jahren

Die Spielleitung bereitet einen genügend großen, gelüfteten und warmen Raum mit Bodenmatten vor, so dass jedes Kind sich bequem hinlegen kann. Haben alle einen Platz gefunden und ist eine ruhige Atmosphäre entstanden, liest sie folgenden Text langsam und mit genügend Pausen, damit die Kinder zu den einzelnen Bildern auch eine Vorstellung entwickeln können:

Legt euch bequem auf den Rücken, streckt alle Viere von euch und schließt die Augen. ✳ Stellt euch vor, es ist ein warmer Frühlingstag. ✳ Ihr seid mit eurer Decke in ein Tal gewandert und habt es euch darauf in der Nähe eines Bachlaufes auf der Wiese bequem gemacht. ✳ Ihr genießt die wärmenden Sonnenstrahlen. ✳ Die Sonne scheint durch die Baumkrone einer Birke und im Geiste seht ihr die Strahlen durch die Zweige schimmern. ✳ Ihr hört vereinzelt Vogelstimmen und hier und da das Summen von Bienen. ✳ Das Bächlein gluckert um die Steine, die im Bachbett liegen. ✳ Am Himmel ziehen ein paar Wölkchen vorbei, deren Form sich ständig verändert. ✳ Ihr spürt auf der Haut einen warmen Lufthauch und freut euch über die wärmenden Sonnenstrahlen. ✳ Ihr atmet tief ein und schickt die frisch eingeatmete Frühlingsluft durch euren Körper. ✳ Zuerst lasst ihr die Luft durch den linken Arm fließen bis zu euren Fingerspitzen. Beim Ausatmen fließt die Luft zurück zu eurer Körpermitte. ✳ Überall, wo die Frühlingsluft war, fühlt ihr euch leicht und entspannt und frisch gelüftet, so, als würdet ihr durch ein geöffnetes Fenster die Frühlingsluft in ein Haus lassen. ✳ Nun atmet ihr die Luft ein und schickt sie in den rechten Arm bis zu den Fingerspitzen und atmet gleichmäßig wieder aus. ✳ Nun schickt ihr euren Atem bis zur linken Fußzehe. Beim Ausatmen fließt die Luft wieder zu eurer Körpermitte. ✳ Nun lasst ihr die Frühlingsluft durch euer rechtes Bein wehen und wieder zurück zu eurer Körpermitte. ✳ Ihr atmet die Frühlingsluft noch durch euren Kopf, damit auch hier alle verbrauchte Luft verschwindet. ✳ Nun spürt ihr die wärmende Kraft der Sonne auf eurer Haut. ✳ Ihr stellt euch vor, eure Arme und Beine sind die Strahlen der Sonne. ✳ Das Zentrum eurer Sonne sitzt in eurer Körpermitte, ein Stückchen oberhalb des Bauchnabels. Spürt die Kraft eurer Sonne. ✳ Schickt die Strahlen eurer Sonne in Arme und Beine und spürt, wie sie euch wärmt und entspannt. Ihr bleibt noch einen Augenblick auf eurer Decke liegen und spürt eure Kraft. ✳ Ihr stellt euch vor, ein Sonnenstrahl vom Himmel kitzelt euch an der Nasenspitze. Ihr werdet wach und blinzelt mit den Augen. ✳ Ihr dehnt euch wie eine Katze. ✳ Setzt euch aufrecht hin in den Schneidersitz, macht einen runden Rücken und streckt euch mit euren Armen der Sonne entgegen. ✳ Nun steht ihr auf, streckt euch noch mal und schüttelt voller Tatendrang Arme und Beine kräftig aus nach diesem phantastischen Sonnenbad.

20

Sonnenzeppelin

Die Farbe Schwarz nimmt die Sonnenstrahlen am besten auf und erwärmt sich dadurch am schnellsten. Dies macht der Versuch mit dem Sonnenzeppelin deutlich. Sonnenzeppeline gibt es zu kaufen, können aber auch selbst hergestellt werden. Der Versuch kann nur bei intensiver Sonnenbestrahlung durchgeführt werden. Es sollte auch windstill sein, sonst kühlt der Sonnenzeppelin durch den Wind wieder ab.

Material: hauchdünner schwarzer Müllsack (60 l), Drachenschnur
Alter: ab 4 Jahren

Den Müllsack entfalten und aufblasen. Ist er prall mit Luft gefüllt, den Sack schließen und mit der Drachenschnur fest zubinden, eine Leine von ca. 3 m lassen und diese am Boden fest verankern.

Durch die Sonnenbestrahlung heizt sich die schwarze Folie auf, die Luft im Innern des Zeppelins erwärmt sich und dehnt sich aus. Der Zeppelin beginnt zu schweben und im Idealfall steigt er steil in die Höhe.

Sollte der Zeppelin nicht steil in die Höhe steigen, kann die Ankerleine abgeschnitten werden – ein wunderbar leichter Luftballon entsteht, den sich die Kinder durch Antippen zuspielen können.

 Achtung: bei Hochspannungsleitungen und möglichem Flugverkehr!

 Vorsicht: bei Wind ist der Ballon kaum zu bändigen und lässt sich von einem Windhauch gleich meterweit treiben!

Sonnenbackofen

Silber reflektiert die Sonnenstrahlen, kann sie also irgendwo hinschicken. Schwarz absorbiert die Sonnenstrahlen, nimmt sie also auf und erwärmt sich dadurch. Auf diesem Prinzip beruht jede Solaranlage. In südlichen Ländern sind Solarbacköfen eine echte Alternative zu herkömmlichen Backöfen.

Material: Schuhschachtel, schwarze Farbe, Pinsel, Alufolie, Schere, Klebstoff, Tacker, 50 cm Schnur, Styropor oder größerer Karton und Zeitungspapier, ein kleines schwarzes Grillblech, kleiner Topf

Alter: ab 6 Jahren (mit Hilfe)

- Die Schuhschachtel innen mit schwarzer Farbe bemalen, damit das Sonnenlicht absorbiert wird.
- In den Deckel der Schachtel die Alufolie kleben, sie lenkt die Sonnenstrahlen in die Schachtel.

- Eine Längsseite des Deckelrandes an den Seiten vom restlichen Rand lösen und als Klappdeckel an eine Längsseite der Schuhschachtel tackern.
- Am gegenüberliegenden Deckelrand in der Mitte eine (etwas längere) Schnur befestigen; so kann der Deckel angehoben und mithilfe der Schnur in einer bestimmten Stellung fixiert werden.
- Die Schuhschachtel zur Wärmedämmung außen mit Styropor verkleiden oder in einen größeren Karton mit zerknülltem Zeitungspapier stellen.

Fertig ist der Backofen.

Nun probieren die Kinder aus, in welchem Winkel der Deckel stehen muss, um die Sonnenstrahlen am besten in die Schuhschachtel zu lenken.

In den Backofen legen sie ein kleines schwarzes Blech. Hierauf können in einem kleinen Topf Speisen gegart und Wasser erwärmt werden.

Schnell zubereitet ist ein Tomatensüppchen, auch lassen sich (Cocktail-)Würstchen im Wasser schnell erhitzen.

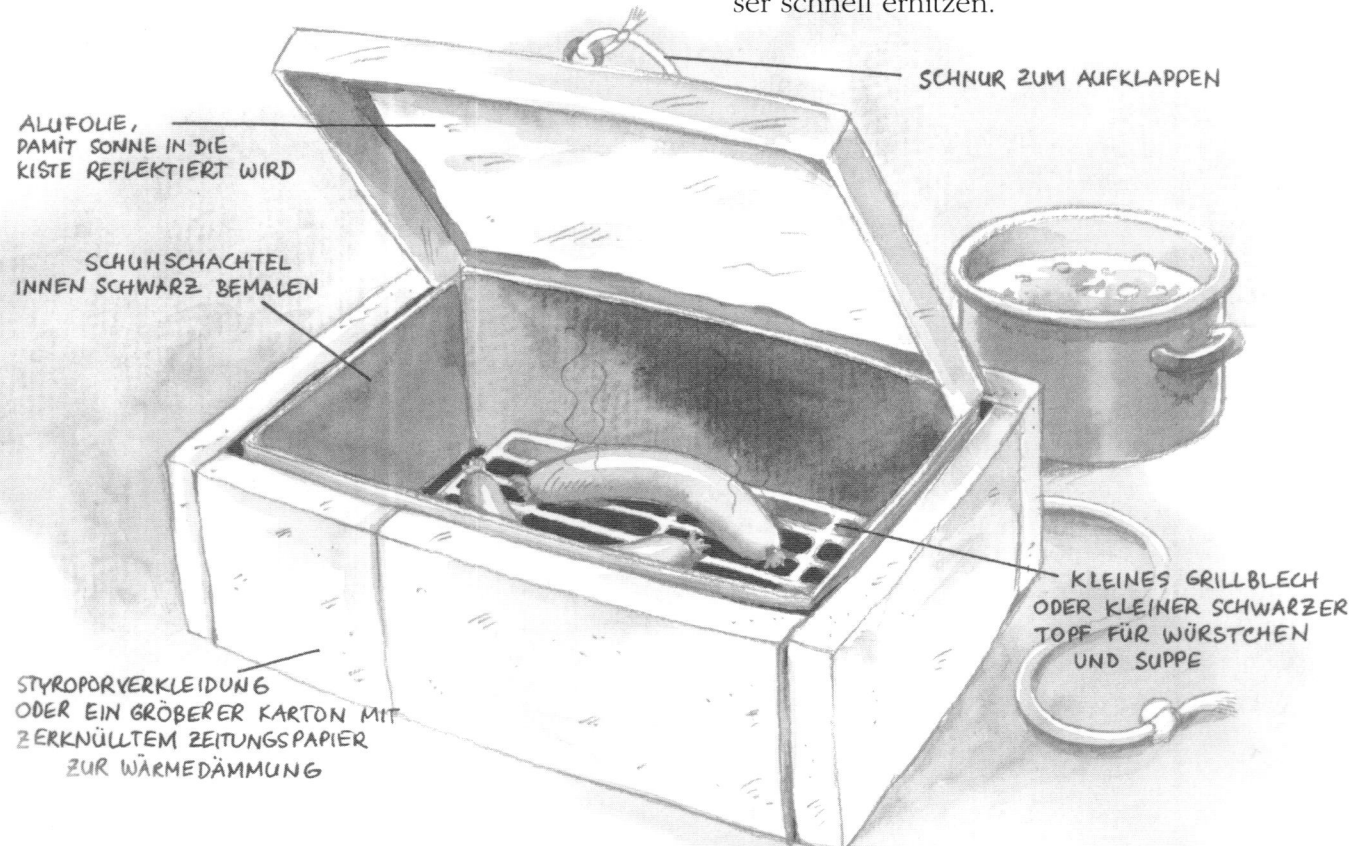

SCHNUR ZUM AUFKLAPPEN

ALUFOLIE, DAMIT SONNE IN DIE KISTE REFLEKTIERT WIRD

SCHUHSCHACHTEL INNEN SCHWARZ BEMALEN

KLEINES GRILLBLECH ODER KLEINER SCHWARZER TOPF FÜR WÜRSTCHEN UND SUPPE

STYROPORVERKLEIDUNG ODER EIN GRÖßERER KARTON MIT ZERKNÜLLTEM ZEITUNGSPAPIER ZUR WÄRMEDÄMMUNG

Blitze – Feuer, das aus dem Himmel kommt

Wahrscheinlich ist unseren Vorfahren das Feuer zum ersten Mal über Blitzeinschlag begegnet. Es ist zu vermuten, dass sie brennende Holzscheite von Bäumen, die der Blitz getroffen hatte, zu ihrer Wohnstätte trugen und dort darauf achteten, dass das Feuer nicht wieder ausging.

Wie entsteht ein Blitz?

Die Wärme der Sonne lässt das Wasser auf der Erdoberfläche verdunsten. Das Wasser steigt zum Himmel, es entstehen Wolken. Die Wassertröpfchen in den Wolken laden sich auf. Wird die Spannung zwischen zwei Wolken zu groß, entladen sie sich in einem Blitz. Ein Vorblitz bahnt einen Weg durch die Luft. Durch diesen Kanal bewegt sich dann der helle Hauptblitz. Aus einer Gewitterwolke zuckt nur der Vorblitz von oben nach unten. Der Hauptblitz breitet sich hingegen von unten nach oben aus. Er bewegt sich sehr schnell und erreicht eine Geschwindigkeit von hunderttausend Kilometern in der Sekunde.

Die Stromstärke der Blitze ist sehr groß und die Luft erwärmt sich in der Umgebung bis auf 30.000 Grad. Ein Blitz kann brennbare Gegenstände entzünden und Metallteile zum Schmelzen bringen.

Der Blitz schlägt bevorzugt in hohe Gebäude und Bäume ein. Darum werden heute alle Häuser mit einem Blitzableiter geschützt, der bei Blitzschlag den Blitz am Haus entlang in die Erde ableitet. Dort kann er sich entladen – das Haus bleibt unversehrt. Der moderne Blitzableiter wurde 1752 von Benjamin Franklin erfunden, das Prinzip war aber bereits früher den alten Kulturvölkern, z. B. den Ägyptern, bekannt.

Blitze können Mensch und Tier gefährlich werden, darum sollten sie bei Gewitter niemals unter Bäumen Schutz suchen, denn hier schlägt der Blitz bevorzugt ein.

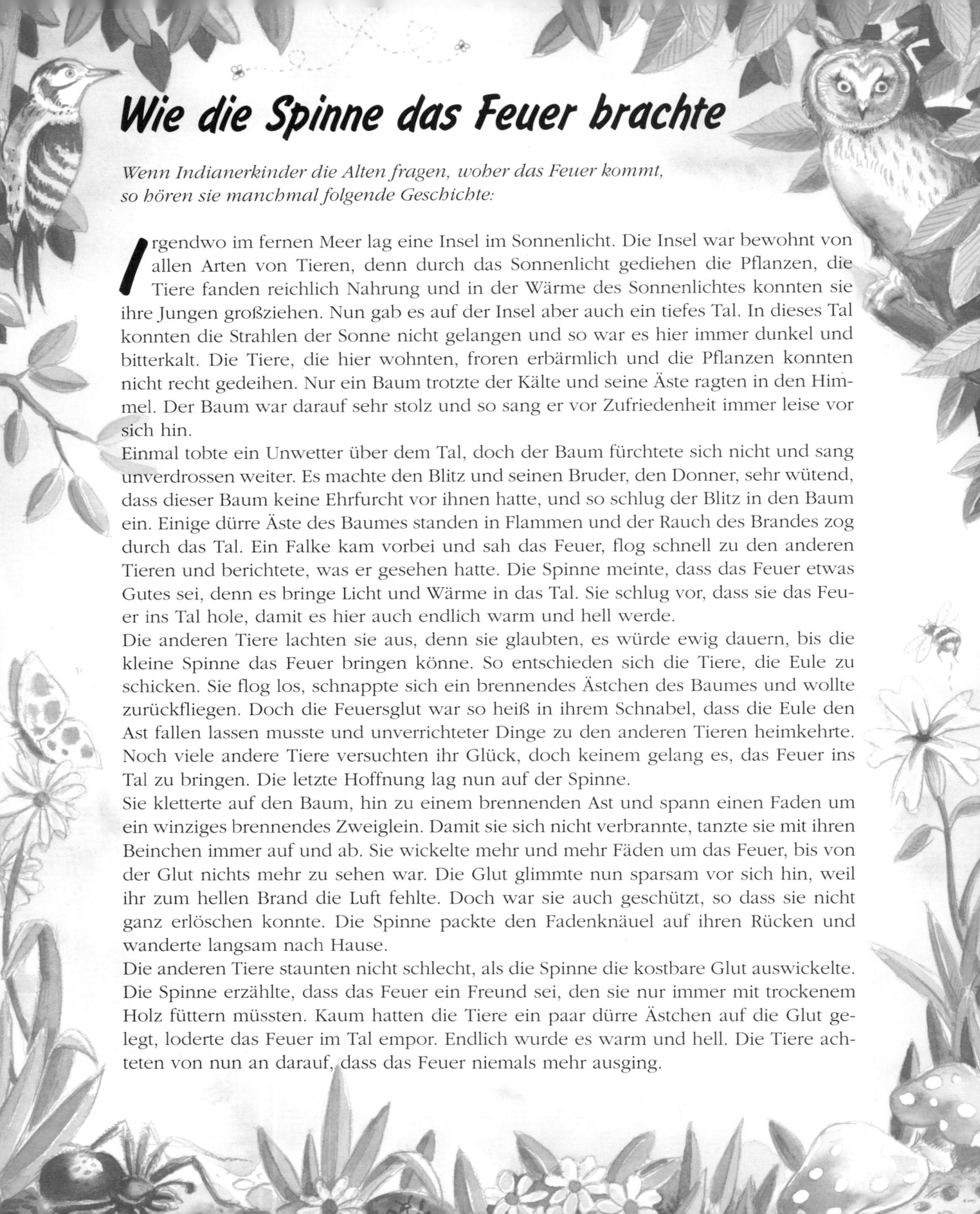

Wie die Spinne das Feuer brachte

Wenn Indianerkinder die Alten fragen, woher das Feuer kommt,
so hören sie manchmal folgende Geschichte:

Irgendwo im fernen Meer lag eine Insel im Sonnenlicht. Die Insel war bewohnt von allen Arten von Tieren, denn durch das Sonnenlicht gediehen die Pflanzen, die Tiere fanden reichlich Nahrung und in der Wärme des Sonnenlichtes konnten sie ihre Jungen großziehen. Nun gab es auf der Insel aber auch ein tiefes Tal. In dieses Tal konnten die Strahlen der Sonne nicht gelangen und so war es hier immer dunkel und bitterkalt. Die Tiere, die hier wohnten, froren erbärmlich und die Pflanzen konnten nicht recht gedeihen. Nur ein Baum trotzte der Kälte und seine Äste ragten in den Himmel. Der Baum war darauf sehr stolz und so sang er vor Zufriedenheit immer leise vor sich hin.

Einmal tobte ein Unwetter über dem Tal, doch der Baum fürchtete sich nicht und sang unverdrossen weiter. Es machte den Blitz und seinen Bruder, den Donner, sehr wütend, dass dieser Baum keine Ehrfurcht vor ihnen hatte, und so schlug der Blitz in den Baum ein. Einige dürre Äste des Baumes standen in Flammen und der Rauch des Brandes zog durch das Tal. Ein Falke kam vorbei und sah das Feuer, flog schnell zu den anderen Tieren und berichtete, was er gesehen hatte. Die Spinne meinte, dass das Feuer etwas Gutes sei, denn es bringe Licht und Wärme in das Tal. Sie schlug vor, dass sie das Feuer ins Tal hole, damit es hier auch endlich warm und hell werde.

Die anderen Tiere lachten sie aus, denn sie glaubten, es würde ewig dauern, bis die kleine Spinne das Feuer bringen könne. So entschieden sich die Tiere, die Eule zu schicken. Sie flog los, schnappte sich ein brennendes Ästchen des Baumes und wollte zurückfliegen. Doch die Feuersglut war so heiß in ihrem Schnabel, dass die Eule den Ast fallen lassen musste und unverrichteter Dinge zu den anderen Tieren heimkehrte. Noch viele andere Tiere versuchten ihr Glück, doch keinem gelang es, das Feuer ins Tal zu bringen. Die letzte Hoffnung lag nun auf der Spinne.

Sie kletterte auf den Baum, hin zu einem brennenden Ast und spann einen Faden um ein winziges brennendes Zweiglein. Damit sie sich nicht verbrannte, tanzte sie mit ihren Beinchen immer auf und ab. Sie wickelte mehr und mehr Fäden um das Feuer, bis von der Glut nichts mehr zu sehen war. Die Glut glimmte nun sparsam vor sich hin, weil ihr zum hellen Brand die Luft fehlte. Doch war sie auch geschützt, so dass sie nicht ganz erlöschen konnte. Die Spinne packte den Fadenknäuel auf ihren Rücken und wanderte langsam nach Hause.

Die anderen Tiere staunten nicht schlecht, als die Spinne die kostbare Glut auswickelte. Die Spinne erzählte, dass das Feuer ein Freund sei, den sie nur immer mit trockenem Holz füttern müssten. Kaum hatten die Tiere ein paar dürre Ästchen auf die Glut gelegt, loderte das Feuer im Tal empor. Endlich wurde es warm und hell. Die Tiere achteten von nun an darauf, dass das Feuer niemals mehr ausging.

Blitz und Donner

Sehen wir das Licht des Blitzes, folgt ihm bald ein rollendes oder krachendes Geräusch – der Donner. Der Donner entsteht durch die plötzliche Ausdehnung der vom Blitz erhitzten Luft und breitet sich mit Schallgeschwindigkeit (330 Meter pro Sekunde) aus. Der Blitz ist also die sichtbare, der Donner die hörbare Entladung der Spannung.

„Donner" leitet sich aus dem Germanischen ab von Donar oder Thor, einem der wichtigsten altgermanischen Götter. Donar war der Gott des Donners, ihm war der Donnerstag geweiht.

Material: keins
Alter: ab 7 Jahren

Um festzustellen, wie weit ein Gewitter entfernt ist, zählen kundige BlitzforscherInnen die Sekunden zwischen Blitz und Donner und teilen sie durch 3. So erhalten sie annähernd die Entfernung des Gewitters in Kilometern.

Blitzbilder

Material: Papier, Wachsmalkreide, Schaber, Zahnstocher
Alter: ab 3 Jahren

Die Kinder malen ihr Bild zuerst vollständig kräftig gelb an.
Darüber malen sie eine geschlossene Decke mit schwarzer Malkreide, so dass vom gelben Untergrund nichts mehr zu sehen ist.
Mit dem Schaber und den Zahnstochern kratzen sie nun unterschiedliche Blitze aus.

Sommergewitter

Material: keins
Alter: ab 3 Jahren

Die Spielleitung spricht mit den Kindern die Bewegungen für die Wetterphänomene aus dem folgenden Text ab, damit sie das Sommergewitter mitspielen können.
Die SpielerInnen sitzen im Kreis, die Spielleitung liest vor:

Es ist ein warmer Sommertag.

Die Sonne brennt vom Himmel.	*mit den Händen einen Kreis beschreiben*
Ein leichtes Lüftchen weht.	*die Hände durch die Luft bewegen und blasen*
Erste Wolken ziehen auf.	*die Arme zu Wolken formen und hin und her bewegen*
Die Wolken werden immer dicker und schwerer.	
Da kommt starker Wind auf.	*die Hände durch die Luft bewegen und kräftiger blasen*
Ihr packt eure Sachen zusammen, denn euch wird kalt.	
Da – die ersten dicken Regentropfen!	*mit den Fingern einzeln auf die Oberschenkel tippen*
Ihr beginnt zu laufen, um euch irgendwo unterzustellen.	*mit den Beinen Laufbewegungen machen*
Ihr lauft schneller.	*schnellere Bewegungen mit den Füßen*
Da – ein erster Blitz!	*mit den Fingern einen Blitz in die Luft zeichnen und „piuuuh!" rufen*
Es folgt ein Donnergrollen.	*mit den Füßen trampeln*
Endlich erreicht ihr eine Schutzhütte.	*mit den Armen ein Dach über dem Kopf bilden*
Der Regen prasselt aufs Dach.	*mit der Faust auf die Oberschenkel schlagen*
Da – noch ein Blitz!	*mit den Fingern den Blitz in die Luft zeichnen und „piuuuh!" rufen*
Und gleich ein Donner.	*mit den Füßen trampeln*
Blitz – Donner – Blitz – Donner!	*abwechselnd wie oben*
Der Regen prasselt.	*mit den Fäusten auf die Oberschenkel schlagen*
Der Wind heult.	*Hände durch die Luft bewegen und dazu blasen*
Langsam lässt der Regen nach.	*mit der Hand auf die Oberschenkel schlagen*
Nun sind nur noch einzelne Regentropfen zu hören.	*mit den Fingern auf die Oberschenkel klopfen*
Ihr geht hinaus ins Freie, da scheint die Sonne wieder!	*aufstehen und mit den Händen einen Kreis beschreiben.*

Gewittermusik

Material: alle verfügbaren Rhythmusinstrumente: Trommeln, Rainsticks, Wackelfolie (Spiegelfolie aus dem Bastelgeschäft) etc., eine oder mehrere Taschenlampen, eventuell Kassettenrecorder und Kassette
Alter: ab 6 Jahren

Die SpielerInnen nehmen sich jeweils ein Instrument oder eine Taschenlampe.
Sie stellen sich vor, sie seien Wettergötter, die ein Sommergewitter gestalten.
Sie probieren die Instrumente aus und überlegen, welches Wetterphänomen jedes der Instrumente verkörpern könnte.
Dann einigen sich die SpielerInnen auf ein „Wetterdrehbuch" oder begleiten das „Sommergewitter" von S. 26 mit ihren Instrumenten.
Die „Gewittermusik" ertönt im abgedunkelten Raum.
Leuchtet ein Blitz auf (Taschenlampe), muss von einem Trommler natürlich ein gewaltiger Donnerschlag folgen oder ein entferntes Donnergrollen mit der Wackelfolie...
Die Wettermusik lässt sich gut auf Kassette aufnehmen!

Elektrische Ladung sichtbar machen

Material: Luftballons, Pullis aus synthetischem Material
Alter: ab 5 Jahren

- Die Luftballons aufblasen und verknoten. Reiben die Kinder ihren Ballon über die Haare, werden diese elektrisch aufgeladen und stellen sich in die Höhe.
- Die Kinder ziehen einen Pulli aus synthetischem Material an und tragen ihn eine Weile. Ziehen sie den Pulli in einem völlig dunklen Raum über den Kopf aus und schütteln sie ihn kräftig aus, entlädt sich die aufgebaute elektrische Spannung in kleinen Funken, die davon stieben.

Potz-Blitz

Text: H. E. Höfele
Musik: W. Bender

Eben war's noch drückend schwül
Heiß und stickig war die Luft
Jetzt bläst eine kühle Brise
Und die Mutter ruft:
Hey ihr Kinder kommt geschwind!
Spürt ihr schon den kühlen Wind?
Passt auf und gebt gut acht!
Weil's gleich tüchtig kracht.

Ja gleich gibt's ein Gewitter. Mit Regen, Blitz und Donnerhall
Ja gleich kracht es mal wieder. Nach jedem Blitz, ein lauter Knall
Seht ihr die dunklen Wolken dort? Die sich am Himmel türmen?
Der Wind bläst immer stärker gleich fängt es an zu stürmen.
Ja gleich gibt's ein Gewitter, gleich fängt es an zu stürmen.

Die Blitze zucken schon wie wild
Am Himmel, wo es finster wird.
Die Tiere suchen Unterschlupf
Mein Papagei schaut ganz verwirrt
Hey ihr Kinder kommt geschwind!
Spürt ihr schon den kühlen Wind?
Passt auf und gebt gut Acht.
Weil's gleich tüchtig kracht.

Ja gleich gibt's ein Gewitter...

Eben war's noch feucht und kühl
Blitze zuckten über's Land
Jetzt ist alles still und leise
Und meine Mutter singt:
Schlafe ein, schlafe ein
Schlafe ein mein Kind
Nach Regen folgt der Sonnenschein
Es wird bald wieder wärmer sein.

Die Blitze des Zeus

*Die Griechen der Antike glaubten, der Götter-
vater Zeus würde Blitze zur Erde schleudern,
wenn er auf die Menschen wütend wäre.*

Musik: Potz-Blitz (⊙ 5)
Material: Taschenlampe
Alter: ab 5 Jahren

Gespielt wird im dunklen Raum.
Ein Kind spielt „Zeus". In seiner Hand hält es
die Taschenlampe – die Blitze des Zeus.

Die anderen SpielerInnen schleichen „ängst-
lich" zur Musik durch den dunklen Raum.
Schleudert Zeus einen Blitz zu den Menschen
(schaltet er die Taschenlampe ein), stoppt die
Musik und alle verharren sofort in der Bewe-
gung, als seien sie vom Blitz getroffen.
Zeus leuchtet nun die Kinder mit seiner
Taschenlampe an und wählt die „komischste
Figur" aus. Er übergibt diesem Kind seine
Taschenlampe, es ist in der nächsten Runde
Zeus und schleudert seinen Blitz...

Vulkane – Feuer speiende Berge

Tief im Inneren der Erde herrschen so hohe Temperaturen, dass selbst Steine schmelzen. Diese geschmolzene Gesteinsmasse heißt Magma. Das Magma ist zähflüssig und ständig in Bewegung. Da hierin auch Gase enthalten sind, entsteht im Erdinneren ein gewaltiger Druck, der nach oben steigen will. So fließt das Magma in immer höher gelegene Erdschichten und sammelt sich in so genannten Magmakammern.

Die glühenden Gesteinsmassen können nur in bestimmten Gebieten der Erde an die Oberfläche dringen, denn die Erde umgibt eine 30-60 km dicke Kruste aus festem Gestein. Diese Erdkruste ist in riesengroße Teile zerbrochen, die Tektonischen Platten, die ineinander passen wie die Teile eines Puzzlespiels. An den Rändern dieser großen Platten sucht sich das Magma seinen Weg an die Erdoberfläche, hier befinden sich die meisten Vulkangebiete.
Tätige Vulkane finden wir in Europa auf Island und im Süden von Italien, zu den bekanntesten gehören der Vesuv bei Neapel und der Ätna auf Sizilien. In Indonesien befinden sich die gefährlichsten und aktivsten Vulkane der Erde und in Japan gibt es kaum einen Ort, der nicht in der Nähe eines Vulkanes liegt. Die Insel Hawaii ist die aktivste Vulkaninsel der Erde.

Was passiert bei einem Vulkanausbruch?

Eine Feuerfontäne kann bis zu mehreren hundert Metern in die Höhe steigen. Glühende Gesteinsbrocken schießen wie Raketen aus dem Krater und an den Hängen strömen Bäche aus Feuer und glühendem Gestein (Lava) ins Tal. Durch die Lava wächst der Vulkanberg immer mehr in die Höhe. Riesige Aschewolken verfinstern die Umgebung.

Vulkane können das Klima auf der ganzen Welt verändern – sogar noch Jahre nach einem Ausbruch. Unsere eigene Existenz hängt von Vulkanen ab. Ohne die tief aus dem Erdinneren Wasser und Gase ausstoßenden Vulkane gäbe es weder eine Atmosphäre noch Meere – unser Planet sähe völlig anders aus.

Göttin Pele

Da unsere Vorfahren große Achtung vor der Naturgewalt der Vulkane hatten, verehrten sie Gottheiten, deren Wohnsitz Vulkane waren. Die Griechen der Antike verehrten Hephaistos, sein Sitz war der Vulkan Ätna auf Sizilien. Die Römer verlegten den Sitz des Vulkangottes auf den Berg Vulkanus auf der Insel Stromboli. Mit der Verlegung des Sitzes änderte sich auch der Name des Gottes in Vulkanus. Seither werden alle Feuer speienden Berge Vulkane genannt.
Die Inselbewohner von Hawaii erzählen noch heute gerne von ihrer Vulkangöttin Pele.

Der Legende nach hat Pele die Gestalt einer alten Frau und wohnt tief im Innern des Vulkanberges Kilaue im Krater Halemaumau. Pele hat eine Vorliebe für schwere, dicke Zigarren, darum soll sie sich noch heute gerne unter die Inselbewohner mischen und hier und da um eine Zigarre bitten. Zum Anzünden derselben braucht sie kein Feuerzeug, denn wenn sie nur einmal mit den Fingern schnippt, tanzen kleine Feuerfünkchen auf ihren Fingerkuppen. Pele gilt als etwas jähzornig, darum vermeidet jeder Inselbewohner ihren Zorn heraufzubeschwören, denn die Hawaiianer befürchten dann einen Vulkanausbruch. Alte Inselbewohner erzählen, sie hätten kurz vor einem Vulkanausbruch Pele auf dem Kraterrand des Kilaue tanzen gesehen: Dann verwandele sich ihre Gestalt in die einer jungen Frau und sie bewege sich ausgelassen in einem flammend roten Kleid.

Pele wird heute noch verehrt, indem ihr unterschiedlichste Opfergaben in den Krater geworfen werden.

Ein Mann, dessen Haus von einem glühenden Lavastrom bedroht wurde, warf – der Erzählung nach – eine Flasche weißen Rum in den Krater, denn es ist bekannt, dass Pele eine gewisse Schwäche für diesen Zuckerrohrschnaps hat. Im nächsten Augenblick soll die glühende Lava vor dem Haus des Spenders zum Stillstand gekommen sein.

Ein Vulkan bricht aus

Bevor ein Vulkan ausbricht, sammelt sich Magma in den darunter liegenden Magmakammern. Sind diese voll, dringt die flüssige Magma explosionsartig nach oben, dabei entweichen die Gase wie die Kohlensäure einer Sprudelflasche.

Sprudelvulkan

Material: volle Sprudelflasche
Alter: ab 4 Jahren

Den Versuch im Freien durchführen.
Die geschlossene Sprudelflasche kräftig schütteln. Im Inneren der Flasche entsteht durch die Kohlensäure ein Druck, der sich beim Öffnen der Flasche freisetzt und die Kohlensäure und die Flüssigkeit nach außen befördert.
So ähnlich verhält sich das Magma bei einem Vulkanausbruch.

Essigvulkan

Material: kleine leere Plastikflasche, kleiner Trichter, ein Tütchen Natron, großer Blumentopfuntersetzer o. Ä., Kies, Sand, 1/4 l roter Essig
Alter: ab 5 Jahren

Die kleine Flasche mit Hilfe des Trichters zur Hälfte mit Natron füllen und in die Mitte des Blumentopfuntersetzers stellen.
Zuerst den Kies und dann den Sand als Vulkankegel um die Flasche aufschichten. Die Öffnung der Flasche dabei frei lassen.
Den Essig in die Flaschenöffnung gießen.
Natron und Essig gehen eine Verbindung ein, es entsteht Kohlensäure, die – wie bei einem Vulkan – nach oben dringt:
Der Vulkan bricht aus!

Tanz auf dem Vulkan

Text: S. Steffe
Musik: G. Geisinger

1. Der Vulkan ist ein Berg wie ein schlafender Drache
Und der Krater da oben ist vom Drachen der Rachen
Da brodelt und kocht die glühende Lava
Flüssige Steine, Asche und Magma

    Refrain:
    Der Drache ist herrlich und ganz schön gefährlich
    Keiner weiß was er macht, drum nimm dich in Acht

2. Er streckt seine Pranken wie glühende Ranken
Mit Fauchen und Zischen und Schwefelgerüchen
Gleich spuckt er Feuer, das Ungeheuer
Doch wenn er will und nur dann – hält er still

    Refrain: Der Drache ist herrlich...

Der Tanz auf dem Vulkan

Der Tanz auf dem Vulkan ist eine gefährliche Sache. Niemand kann genau vorhersagen, wann ein Vulkan ausbricht. Tatsächlich sind schon viele Menschen umgekommen, weil sie unvorsichtigerweise in der Nähe eines Vulkankraters übernachteten und im Schlaf durch giftige Dämpfe aus dem Erdinnern überrascht wurden.

Musik: Der Tanz auf dem Vulkan (⊙ 7)
Material: alle verfügbaren Matten, Matratzen und Kissen
Alter: ab 4 Jahren

Gespielt wird im Freien oder in einem großen Raum.
Alle Matten in der Mitte der Spielfläche auslegen. Die SpielerInnen teilen sich in zwei gleich große Gruppen auf.

Die eine Gruppe nimmt sich die Kissen und kauert sich ganz eng auf den Matten zusammen. Jedes Kind hält ein Kissen in der Hand; sind noch Kissen übrig, werden diese über die kauernden SpielerInnen gehäuft.

Die Musik setzt ein: Die zweite Gruppe tanzt zur Musik im Kreis um den Kissenvulkan.

Unterbricht die Spielleitung die Musik, bricht der Vulkan aus:
Die Tanzenden flüchten, die Vulkangeister werfen mit glühenden Gesteinsmassen (Kissen) nach ihnen.
Wer getroffen ist, wird zu Vulkangestein und spielt in der nächsten Runde Vulkan und die Vulkangeister verwandeln sich in Tanzende.

DIE ZÄHMUNG DES FEUERS

Der Mensch ist das einzige Lebewesen, das Feuer machen kann; und das hat ihm die Herrschaft über die Welt gegeben.
(ANTOINE COMTE DE RIVAROL)

Als Zähmung des Feuers verstehen wir den Schritt des Menschen, das Feuer zu bewahren und es selbst zu entzünden. Dass sich unsere Vorfahren schon auf einer sehr frühen Entwicklungsstufe des Feuers bedient haben, ist unumstritten. Beim ältesten Fund in der Nähe Pekings zeugen Holzkohleschichten von mehreren Metern Dicke davon, dass dort vor etwa 300.000 bis 400.000 Jahren ständig Feuer unterhalten wurden. Der Fund gibt allerdings keine Auskunft darüber, ob die Menschen der damaligen Zeit auch Feuer selbst erzeugen konnten.

Verschiedene Funde aus Höhlen in der Nähe von Ulm beweisen, dass unseren Vorfahren vor 40.000 Jahren der Umgang mit Feuer vertraut war. In der damaligen Eiszeit herrschten Temperaturen von 0–10 °C. Die Nahrung wurde mit Hilfe des Feuers aufbereitet, es erhellte und erwärmte das Höhleninnere. In einem solchermaßen erleichterten Leben war es unseren Vorfahren auch möglich, Kunstgegenstände herzustellen. Die bemerkenswertesten Funde sind aus Mammutelfenbein geschnitzte Tierfiguren. In der Vogelherdhöhle im Lohnetal fanden ForscherInnen ein kleines Elfenbeinpferdchen, in einer benachbarten Höhle, dem Hohlenstein-Stadel, einen kleinen Löwenmenschen. Es sind die bisher ältesten Kunstgegenstände der Welt. Mit der Zähmung des Feuers beginnt die Kulturgeschichte der Menschheit.

VOGELHERDPFERDCHEN

Hestia, die Hüterin des Feuers

Wollten die Griechen eine Geschichte von Anfang an hören, also von ihrem Ursprung her, so riefen sie einander zu: „Fang bei Hestia an!" Getreu diesem Sprichwort sollte eigentlich jeder, bevor er das erste Mal selbst ein Feuer entfacht, die Geschichte von Hestia hören:

Hestia, eine Schwester des Zeus, war die Göttin des häuslichen Herdfeuers. Sie erfreute sich allgemeiner Verehrung. Sie galt als die mildeste, gerechteste und wohltätigste Göttin des Olymp. Sie bürgte für die persönliche Sicherheit, das persönliche Glück und die heilige Pflicht der Gastfreundschaft. Hestia beteiligte sich als einzige olympische Göttin niemals an Kriegen oder Streitigkeiten, dafür war ihre Verantwortung als Hüterin des Feuers viel zu groß.

Die Stätte ihrer Verehrung war der Herd des Hauses; auch die Kunst des Hausbaues geht nach der griechischen Sage auf Hestia zurück. So wie der Herd den Mittelpunkt der Familie bildet, gab es bei den Griechen der Antike ein Herdfeuer für den gesamten Staat. Es stand im Ratsgebäude in Athen und in ihm brannte das ewige Feuer der Hestia. Wurde eine neue Stadt in Griechenland gegründet, so nahm man vom heiligen Feuer und brachte es in die Stadt, um dort das Feuer der Hestia zu entfachen. Ein neues Heim galt erst dann als gegründet, wenn die Frau den Herd mit jenem Feuer, das sie vom Haus der Mutter mitgebracht hatte, entzündet hatte. Die Sorge um das lebenswichtige Feuer war in allen früheren Kulturen Aufgabe der Frauen. Sie nährten das Feuer und wussten seine Glut zu behüten. So zeigt ein Bild der Göttin Hestia eine Frauengestalt, die ein Kästchen vor sich her trägt, in dem sie die Glut bewahrt.

Jahrhunderte später im alten Rom hieß die Göttin des Herdfeuers Vesta. Im Vestatempel in Rom hüteten Priesterinnen, die Vestalinnen, das ewige Feuer, das nie ausgehen durfte. Für dieses Priesteramt wurden junge Mädchen aus vornehmen römischen Familien ausgewählt, die dreißig Jahre im Dienst blieben, bevor sie den Tempel verlassen durften. Die ersten zehn Jahre wurden die Mädchen ausgebildet, wie das Feuer zu hüten ist. Die nächsten zehn Jahre durften sie selbst das Feuer hüten, die letzten zehn Jahre hatten sie die Aufgabe, junge Vestalinnen in der Kunst des Feuerhütens auszubilden. Ließ eine Vestalin das ewige Feuer ausgehen, folgten für sie schlimme Strafen. Das neue Feuer durfte nur durch Reibung zweier Hölzer oder mithilfe eines Brennglases durch die Strahlen der Sonne entfacht werden.

Der Hütepass

Für die nun folgenden Aktionen mit offenem Feuer erhalten die Kinder jeweils einen Hütepass (Vorlage vergrößert kopieren, ausschneiden und falten). Dieser weist sie als „HüterInnen des Feuers" aus, die verantwortlich mit Feuer umgehen können.

Alles, was die Kinder erfahren und erforscht haben, bescheinigt ihnen ein Erwachsener mit Datum und Unterschrift oder einem Stempel nach Wahl.

5 Regeln zum Umgang mit Feuer

- Jede Form des Feuers darf nur im Beisein eines Erwachsenen entzündet werden, nur sie haben langjährige Erfahrungen im Umgang mit dem Feuer und können Gefahren abschätzen.
- Wer Feuer entzündet oder bewacht, trägt eine große Verantwortung und darf niemals nachlässig oder fahrlässig damit umgehen.
- Wer Feuer entzündet, muss sich schon vorher überlegen, wie er es wieder löscht.
- Feuer darf nie unbewacht brennen.
- Niemals Streiche mit jeder Art von Feuer machen!

Hütepass

Hestia ~ Hüterin des Feuers

....

(Name)

hat an folgenden Aktionen mit Feuer erfolgreich teilgenommen:

Datum   Aktion   Unterschrift

Datum   Aktion   Unterschrift

Das Lagerfeuer

Bevor ein Feuer entfacht wird, überlegen sich alle Kinder, wann, wo und wie sie das Feuer entzünden, was sie dazu benötigen, und wie sie das Feuer wieder löschen.

Am besten eignet sich hierzu ein klassisches Lagerfeuer im Freien.

> **⚠ Folgende Vorschriften sind zum Schutz bei Feuerstellen im Freien immer zu beachten:**

- Lagerfeuer genehmigen lassen.
- Brandgefahr besteht auf Wiesen mit verdorrtem Gras, auf Böden mit herabgefallenen Zweigen und trockenen Blättern, auf Lichtungen zwischen trockenen Bäumen, auf Moor- und Moosböden (das Feuer kann hier unterirdisch weiterglimmen).
- Der sicherste Untergrund ist festes und feuchtes Erdreich, Geröll, Steine oder Sand.
- Mindestentfernung zu Gebäuden: 10 Meter.
- Mindestentfernung zu leicht entzündlichen Stoffen (Heustöcke...): 100 Meter.
- Ständig beaufsichtigen, Funken im Gras austreten.
- Bei Aufkommen von stärkerem Wind das Feuer sofort löschen.
- Feuerstelle nur verlassen, wenn in der Asche auch das letzte Glutnest erloschen ist. (PfadfinderInnen legen z. B. ein kleines Holzkreuz auf die Feuerstelle, zum Zeichen, dass das Feuer wirklich aus ist.)

Sicheres Lagerfeuer

Material: Spaten, Steine, Kaminstreichhölzer, Zeitungspapier, Reisig, kleinere Weichholz-Äste, dickere Hartholz-Äste, Wasser und Sand zum Löschen

Alter: ab 5 Jahren (unter Aufsicht)

Das Anlegen

Liegt die Feuerstelle in der Nähe eines Waldes, suchen die Kinder passende Äste und Zweige zusammen und tragen sie zur Feuerstelle.

Liegt der Feuerplatz auf einer Wiese, wird mit dem Spaten in Kreisform die Grasnarbe ausgestochen und feucht aufbewahrt, denn sie wird nach Verlöschen des Feuers einfach wieder eingesetzt.

Um die Feuerstelle Steine im Kreis legen; sie sichern das Feuer und verhindern, dass es sich ausbreiten kann.

SAND

WASSER
ZUM LÖSCHEN

STEINE
ALS SICHERUNG

Ein Lagerfeuer, das besonders gut brennen soll, wird in mehreren Schichten aufgebaut:

- **Unterzünder:** Das Papier zu kleinen Ballen formen und in die Mitte der Feuerstelle legen. Darüber dünneres Reisig legen, gut eignet sich in Streifen geschnittene Birkenrinde (nicht von lebenden Bäumen!). Selbst nasse Birkenrinde brennt noch.
- **Weichholz:** Um das Zentrum aus Zunder Weichholz-Äste senkrecht locker zu einer Pyramide zusammenstellen. Gut geeignet sind Äste von Fichte, Kiefer und Tanne (wegen des Harzgehaltes). Gespaltene Äste brennen besser als Rundhölzer!
- **Hartholz:** Soll das Feuer lange halten und gute Glut bieten, kommen nach und nach Harthölzer (Buche, Eiche oder Ahorn) auf das Feuer. Hartholz entzündet sich nur allmählich, deshalb sollte das Weichholz bereits gut in Flammen stehen, bevor das Hartholz dazugelegt wird.

PAPIER + REISIG ALS UNTERZÜNDER

HARTHOLZ

KNÜPPELKUCHEN

WEICHHOLZ

STREICHHÖLZER ZUM ANZÜNDEN

Das Anzünden

Wird das erste Mal ein Feuer entfacht, zündet es ein Erwachsener als Vorbild an. Das Anzünden mit einem Streichholz oder Feuerzeug ist für Erwachsene ja keine große Sache mehr. Damit dieser entscheidende Akt eindrucksvoller wird, bieten sich große Kaminstreichhölzer an. Mit diesen ist es auch wesentlich leichter, den Unterzünder zum Brennen zu kriegen, da diese Hölzer extra lang sind und so von längerer Brenndauer. Später können Kinder das Feuer entzünden, die im Umgang mit dem Streichholz oder dem Feuerzeug sicher sind – jedoch nur unter Aufsicht Erwachsener.

● Zuerst zeigen, wie man ein Streichholz richtig handhabt, wie es gehalten wird, dass es immer vom Körper weg auf der Reibefläche entzündet wird und, getreu den Hüteregeln, wie es wieder gelöscht wird. Zur Übung das Streichholz nach dem Anzünden erst mal wieder ausblasen. Ein zweites Streichholz kann in einer Schale mit Wasser gelöscht werden. Je nach Alter der TeilnehmerInnen kann es für Kinder schon eine große Herausforderung sein, wenn jeder einmal der Reihe nach ein Streichholz entzünden, sicher halten und wieder ausblasen kann.

● Zum Anzünden des Pyramidenfeuers ein Kaminstreichholz entzünden und es in der Mitte der Feuerstelle an das Zeitungspapier halten. Sobald ein zaghaftes Flämmchen flackert, in das Feuer pusten. Die TeilnehmerInnen erleben so, dass sich ein Streichholz zwar durch Ausblasen löschen lässt, ein Feuer aber, dass genügend Brennmaterial hat, bei Luftzufuhr auflodert.

● Wasser und Sand bereithalten, damit das Feuer jederzeit gelöscht werden kann. Mehr dazu im Kapitel „Die Kunst des Feuerlöschens" (S. 84).

Hüten des Feuers

● Brennt das Feuer, werden die Kinder nicht müde, ins Feuer zu schauen, seine Flammen zu beobachten, seinen Rauch zu riechen, seine Wärme zu spüren. Der ein oder andere wird ein Hölzchen ins Feuer werfen. Ganz automatisch setzen sich alle rund um das Feuer auf Decken oder größere Baumstämme.

● Erst wenn das Feuer genügend Glut hat und die Flammen nicht mehr hochschlagen, können die Kinder ihre Würstchen, Stockbrot und Knüppelkuchen am Stecken grillen oder backen (Rezepte s. S. 41). Werden die Speisen in die lodernden Flammen gehalten, verbrennen sie äußerlich, über der Hitze der Glut verbrennen sie nicht so leicht und garen auch von innen.

● Rund ums Feuer sitzen heißt auch Gemeinschaft erleben. Das Feuer gibt uns ein Gefühl der Geborgenheit und Verbundenheit. Haben sich alle gestärkt, bietet es sich an, gemeinsam Lagerfeuerlieder zu singen oder eine Geschichte zu erzählen (s. S. 43). Wem es vom Rücken her kalt wird, hängt sich eine Decke um.

● Das Feuer erst verlassen, wenn auch die Glut aus ist. Wer sicher gehen will, schüttet einen Eimer Wasser auf die Feuerstelle. Mit dem Spaten einige Schaufeln Erde darüber häufen. Wurde die Grasnarbe für die Feuerstelle herausgenommen, diese jetzt wieder einsetzen.

Rezepte für das Lagerfeuer

Stockbrot

Bevor die Menschen so Brot backen konnten, wie es für uns heute selbstverständlich ist, war ein langer Weg zu beschreiten. Zuerst aßen unsere Vorfahren Getreidekörner unverarbeitet aus der Hand. Dann zerrieben sie die Körner auf Steinen und hatten so Mehl gewonnen. Mit ein wenig Wasser verrührt entstand ein Brei. Irgendwann machten sie die Entdeckung, dass dieser Brei, fällt er auf einen vom Feuer erhitzten Stein, sich knusprig backen lässt.

Zutaten:
1 Würfel Hefe, 1 kg Mehl, 1 Tasse Wasser, etwas Salz und Olivenöl

Zubereitung:
Den Brotteig zu Hause vorbereiten:
Den Würfel Hefe in etwas warmem Wasser lösen. Etwas Mehl hinzufügen und verrühren. Das restliche Mehl auf eine Arbeitsplatte streuen, etwas salzen, in die Mitte mit dem Finger eine Mulde rühren. Die aufgelöste Hefe in die Mulde geben, mit einer Gabel Hefe und Mehl verbinden, nach und nach ein Glas warmes Wasser unterkneten. Den Teig etwa 10 Minuten kräftig bearbeiten, bis er gleichmäßig und geschmeidig ist. Mit dem Olivenöl die Finger vom Teig befreien. Den Teig mit den öligen Händen nochmals durchkneten, zu einem Kloß formen und abgedeckt 2 Stunden gehen lassen.

Für das Stockbrot vom Teig ein Stück abnehmen, zwischen den Händen zu einer Wurst drehen und spiralförmig um die Spitze eines Steckens wickeln.
So lange über die Glut des Feuers halten und dabei drehen, bis der Teig goldbraun ist.

Knüppelkuchen

Zutaten:
250 g Butter, 300 g Zucker, 1 Päckchen Vanillezucker, 3 Eier, 500 g Mehl, etwas Milch

Zubereitung:
Den Rührteig zu Hause vorbereiten: Die Butter schaumig rühren. Zucker, Vanillezucker und Eier dazugeben. Das Mehl darunter mischen, ca. eine halbe Tasse Milch dazugeben. Der Teig darf nicht zu flüssig sein, damit er später am Stecken haften bleibt.
Für den Knüppelkuchen den Stecken in die Teigschüssel tauchen und über der Glut abbacken. Ist eine Schicht fertig, den Stecken wieder in den Teig tauchen und erneut backen. Diese Prozedur ist recht langwierig, aber sehr unterhaltsam!

Tee kochen

Material: 3 stabile Äste, Wasser, etwas Draht, Teetopf, Teeblätter
Alter: ab 5 Jahren

Die Äste mit Wasser gut befeuchten, damit sie kein Feuer fangen, und wie ein Indianer-Tipi zusammenstellen.
Mit Draht an der Spitze umwickeln und über die Glut stellen.
Für die Aufhängung des Teetopfes durch die Griffe (keine Plastikgriffe!) einen Draht ziehen und am Dreibein aufhängen.
Die Teezubereitung erfolgt wie gewohnt:
Wasser kochen – Teeblätter ziehen lassen – abgießen – genießen!

Komm setz dich in unsren Kreis

● 10
Text: H. E. Höfele
Musik: W. Bender

1. Komm setz dich in uns'ren Kreis
Um's Feuer und sing mit
Wir singen jetzt zusammen
Ein Lagerfeuerlied.
‖: Komm her und sing doch mit :‖
Wir singen jetzt gemeinsam
Ein Lagerfeuerlied

Refrain: (laut)
Singing ya ya-yip-pie yip-pie-yeah.
Singing ya ya-yip-pie yip-pie-yeah.
Singing ya-ya-yip-pie yip-pie ya-ya yip-pie yip-pie,
ya-ya-yip-pie-yip-pie-yeah!

2. Der Bernd spielt die Gitarre
Wir klatschen in die Hände
Bis uns're Stimmen heiser
Dann singen wir halt leiser
‖: Komm her und sing doch mit :‖
Wir singen jetzt gemeinsam
Ein Lagerfeuerlied

3. Der Heinz nimmt eine Trommel
Und trommelt laut dazu
Wir singen bis wir müde sind
Ein Lagerfeuerlied.
‖: Komm her und sing doch mit :‖
Wir singen jetzt gemeinsam
Ein Lagerfeuerlied

42

Ein Fest für Feuergeister

In jedem Hölzchen schläft ein Feuergeist und hofft darauf, eines Tages geweckt zu werden. Es können Jahre vergehen, bis ein Feuergeist vom Schlaf befreit wird. Manchmal dauert es Jahrzehnte, Jahrhunderte, Jahrtausende oder sogar Jahrmillionen.

Aber nicht alle Feuergeister müssen so lange warten. Werden im Wald Äste für ein Lagerfeuer gesammelt, freuen sich die in ihnen wohnenden Feuergeister auf das bevorstehende Freudenfest, denn es gibt für einen Feuergeist nichts Schöneres, als in einem Lagerfeuer tanzen zu können. Selten sind die Augen der Menschen so aufmerksam auf sie gerichtet, selten ist um das Feuer so ein Spaß und selten hören sie so schöne Lieder, Geschichten und geflüsterte Geheimnisse.

Wird das Feuer entzündet, machen sich die Feuergeister im Papier und dem dünnen Reisig bereit. Sie warten, dass ein Luftgeistchen sie an der Hand nimmt und aus dem Holz oder Papier zieht. Das ist ein Moment, wenn ein Feuergeist befreit wird! Er atmet die frische Luft tief ein, wird leicht und beginnt zu flackern. Zuerst sind die Feuergeister noch ein wenig unsicher, weil erst wenige andere Feuergeister um sie herum sind. Doch je mehr Geister auch aus den dickeren Ästen erwachen, umso wärmer und wohliger wird es den anderen. Sie fassen sich an den Händen und balancieren auf den Hölzern. Sie wagen kleine Sprünge und tanzen in den Himmel zum Rhythmus der knackenden und knisternden Äste. Zuerst tragen sie ein gelbes Kleid, doch je mehr sie brennen, umso bunter wird es: vom leichten grün zu gelb, zu blau, zu rot und violett. Auf dem Kopf tragen sie spitze weiße Hüte aus Rauch. Diese Hüte werden immer größer und wiegen sich im Wind. Die Erdgeister rund um die Feuerstelle hüten die Feuergeister, so dass sie nicht völlig ausflippen und durchbrennen.

Haben die Feuergeister genug getanzt, setzen sie sich in der Feuerstelle gemütlich zusammen. Dann spüren sie in der Gemeinschaft ihre größte Hitze. Wenn sie so in ihrer Glut hocken, erzählen sie einander, wo sie herkommen und was sie schon alles erlebt haben. Sie bilden um sich eine dicke weiße Ascheschicht, so bleibt es in der Nacht noch schön warm und sie können leise noch stundenlang quatschen. Manchmal schlagen sie sich dann eine ganze Nacht um die Ohren und tuscheln noch am Morgen. Gar nicht leiden können es die Feuergeister, wenn die Menschen zu früh nach Hause wollen und sie mit kaltem Wasser erschrecken und löschen oder ihnen gar den Atem mit Sand rauben. Dann zischen sie noch einmal zornig auf, fallen dann aber in tiefen Schlaf und träumen – vom nächsten Lagerfeuer.

Der Feuergeister-Flammentanz

Text: H. E. Höfele
Musik: G. Geisinger

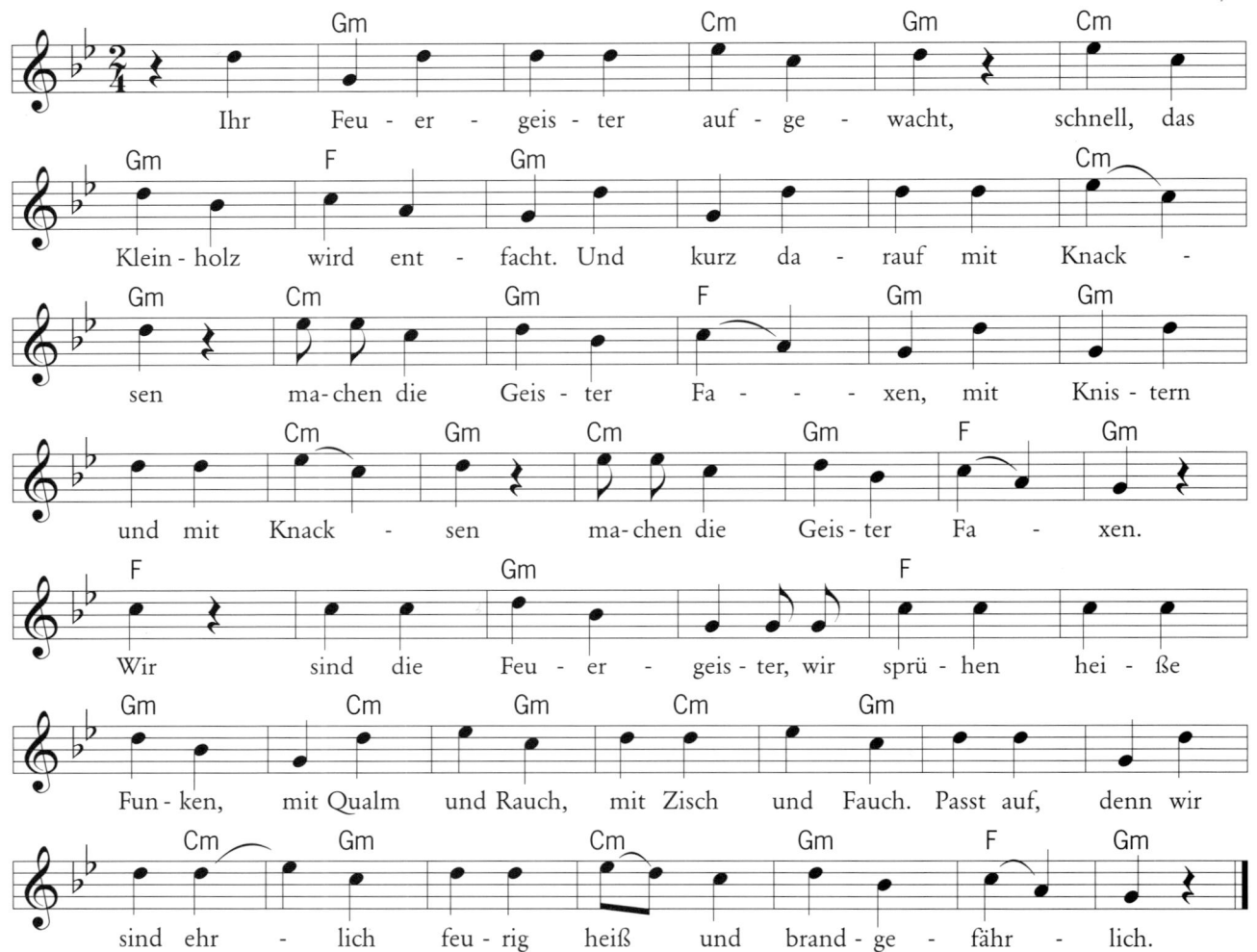

1. Ihr Feuergeister aufgewacht
Schnell! Das Kleinholz wird entfacht
Und kurz darauf mit Knacksen
Machen die Geister Faxen
Mit Knistern und mit Knacksen
Machen die Geister Faxen

Refrain:
Wir sind die Feuergeister
Wir sprühen heiße Funken
Mit Qualm und Rauch – mit Zisch und Fauch
Passt auf, denn wir sind ehrlich
Feurig heiß und brandgefährlich!

2. Ihr Flammengeister aufgewacht
Schnell! Das Lichtlein angemacht
Und dann mit Flammenzungen
Das Brennholz fest umschlungen
Mit Knistern und mit Knacksen
Machen die Geister Faxen

3. Ihr Feuergeister gebt nun Acht
Gleich wird das Feuer ausgemacht
Mit einem Eimer – Wasser marsch!
Zum Himmel hoch steigt nun der Rauch.
Mit Knistern und mit Knacksen
Machen die Geister Faxen

44

Tanz der Feuergeister

Musik: Der Feuergeister-Flammentanz (⊙ 12)
Material: ein Stecken (Rundholz, 40 cm lang) pro TänzerIn, rotes und gelbes Geschenkband (2–3 m lang, 4 cm breit), Tacker
Alter: ab 6 Jahren (mit Variante ab 4 Jahren)

Jeweils ein rotes und ein gelbes Band an das Ende eines Steckens tackern und um dieses Ende herum aufwickeln.
Die TänzerInnen halten ihren Stecken am umwickelten Ende fest und verteilen sich im Raum. Die Musik setzt ein.

1. Die TänzerInnen laufen mit ihren Stecken aus allen Himmelsrichtungen zur Kreismitte, gehen in die Hocke und legen ihre Stecken sternförmig zusammen – das umwickelte Ende zeigt nach außen – als würden sie Holz für eine Feuerstelle bereitlegen.
Sie zünden pantomimisch ein Streichholz an und halten es über die Feuerstelle.
Sie pusten kräftig in die imaginären Flammen und reiben sich die Hände über der scheinbar entstandenen Wärme.

2. Die TänzerInnen stehen auf, nehmen ihren Tanzstecken in die rechte Hand und zwar so, dass sich das Tanzband an der anderen Seite entfalten kann.
Sie fassen mit der linken Hand seitlich zur Kreismitte, dass sich die Hände aller Tanzenden wie ein Pyramidenfeuer berühren.
Die Tanzenden laufen zur Musik dabei linksherum im Kreis und schwingen mit der rechten Hand das Tanzband auf und nieder.

3. Jeder Zweite löst sich aus dem Feuerrad und geht seitlich vier Schritte nach außen, damit ein zweiter, größerer Feuerring entsteht. Die TänzerInnen im Außenkreis bleiben stehen, wedeln aber mit ihren Tanzbändern verwegen hin und her.

Die TänzerInnen des Innenkreises lösen diesen auf, bewegen sich frei zur Musik innerhalb des großen Feuerringes und wedeln mit ihren Stecken ganz wie es ihnen Spaß macht. (Achtung: andere TänzerInnen nicht mit dem Tanzstecken treffen!)
Als Abschluss (beim letzten Refrain) laufen alle zur Kreismitte, legen ihre Stecken wieder sternförmig auf den Boden und ducken sich im Kreis – das Feuer ist aus.

Variante ab 4 Jahren: Jüngere TänzerInnen legen ihre Stecken auch zu einem Feuer auf den Boden zum Zeichen des Feuermachens, nehmen dann ihre Stecken in die Hand, laufen wedelnd durch den Raum und kommen auf ein Signal der Spielleitung wieder in die Mitte und ducken sich – das Feuer ist aus.

① DIE TEILNEHMER KOCHEN
STECKEN
DIE UMWICKELTEN STECKEN ZEIGEN NACH AUßEN

② HÄNDE ANEINANDERGEFASST
AUßEN WEDELN DIE BÄNDER

③ AUßENKREIS BILDEN
DIE TÄNZER DES INNENKREISES BEWEGEN SICH FREI

④ STECKEN WIEDER AUF DEN BODEN
DIE KINDER DUCKEN SICH IM KREIS – DAS FEUER IST AUS!

Feuergeister

Material: Märchenwolle (blau, grün, violett, rot, orange, gelb und weiß), 3 Pfeifenputzer à ca. 15 cm pro Kind, schwarzes Stickgarn, Sticknadel

Alter: ab 8 Jahren

Zwei Pfeifenputzer über Kreuz legen und einmal verdrehen, sodass sie miteinander verbunden sind.

Zwei Enden zu Beinen des Feuergeistes formen – als Füße unten einen Zentimeter abknicken –, die anderen beiden waagerecht zu Armen biegen.

Für den Kopf (mit Rauchhut) des Feuergeistes einen Pfeifenputzer zu einem Ring biegen und die Enden so miteinander verdrehen, dass jeweils ca. 1,5 cm abstehen. Die Pfeifenputzerenden an den „Schultern" des Feuergeistchens befestigen. (s. Abb.)

Den Kopf oben etwas zusammendrücken, sodass ein „Spitzhut" entsteht.

Die Märchenwolle von den Füßen zum Kopf fest, aber ganz dünn in folgender Reihenfolge um die Pfeifenputzer wickeln:

- Die Füße blau (etwas dicker) – denn unten ist die heißeste Stelle des Feuergeistes;
- die Beine ca. 3 cm einzeln grün;
- den Bauch (etwas dicker) violett, gefolgt von rot – um beide „Beine" gleichzeitig wickeln;
- den Kopf über den Armen bis zum „Hutanfang" orange und den Hut weiß;
- Die Arme gelb (an den „Händen" etwas dicker).

Sind die Pfeifenputzer fest gewickelt, werden die einzelnen Fäden der Märchenwolle zurecht gezupft:

- die blaue Märchenwolle an den Füßen etwas herauszupfen und jeweils zur Schuhspitze drehen;
- die grünen Beinchen weniger zupfen;
- den violetten Bauch wuschelig herauszupfen;
- die Arme zu Flammen formen;
- den Kopf an den Seiten nach oben zupfen;
- die Mütze des Geistchens ebenfalls nach oben herauszupfen und die Spitze des Hutes zur Rauchfahne drehen.

Mit dem schwarzen Stickgarn zwei kleine Augen vorsichtig in den Kopf nähen. (Bei jüngeren Kindern übernimmt diese Arbeit ein Erwachsener.)

Das Feuer in uns – feurige Gefühlspantomime

Tatsächlich haben wir auch Feuer in uns, denn unsere Atmung ist nichts anderes als ein Verbrennungsvorgang: Wir nehmen Sauerstoff auf zur Energiegewinnung durch die Verbrennung von Nahrungs- oder Körperstoffen und geben – wie das Feuer – Kohlendioxid wieder ab. Dies geschieht bei einer Temperatur von 37 °C. Erhöht sich die Temperatur, funktioniert der Stoffwechselvorgang nicht mehr und wir sprechen von Fieber. So, wie Feuer gelöscht wird, nehmen wir unserem Feuer dann die Temperatur durch kühle Wadenwickel, das Feuer in uns wird auf kleine Flamme gebracht.

Die Wesenszüge des Menschen lassen sich mit Phänomenen des Feuers vergleichen. Das Feuer symbolisiert die Kraft, die Lebensenergie, den Lebensmut, die Lebensfreude. Immer wenn wir Gefühlen Ausdruck verleihen wollen, verwenden wir „Feuerwörter", denn sie sind der Inbegriff des Lebendigen!

Material: Papier und Stift
Alter: ab 8 Jahren

Die Kinder sammeln „feurige" Redewendungen, die Spielleitung notiert die Vorschläge auf kleinen Zetteln.

Jeweils zwei SpielerInnen ziehen zusammen ein Zettelchen und spielen der Gruppe eine kleine Szene pantomimisch vor; die anderen raten, um welche der Redewendungen es geht.

Beispiele:
- Feuer und Flamme sein für etwas;
- auf glühenden Kohlen sitzen;
- es fällt uns etwas siedend heiß ein;
- jemanden anfeuern;
- auf Sparflamme kochen;
- sich wie ausgebrannt fühlen;
- für jemanden die Kastanien aus dem Feuer holen;
- vor Liebe entbrennen;
- vor Lebensfreude sprühen;
- jemanden hinters Licht führen;
- es brennt uns etwas unter den Nägeln;
- es geht uns ein Licht auf;
- jemandem Feuer oder Dampf unter dem Hintern machen;
- vor Wut kochen;
- eine zündende Idee haben;
- einen Geistesblitz haben;
- wie vom Blitz gerührt sein;
- verknallt sein;
- mit Feuereifer an eine Sache gehen.

Feuermusik

Material: ein Bambusstock (50 cm lang) und ein Taschenmesser pro Kind, evtl. Kassettenrecorder und Kassette
Alter: ab 6 Jahren

In den Bambusstock mit dem Taschenmesser alle 5 mm eine 20 cm tiefe Spalte einritzen, bis das obere Teil rundherum aus einzelnen Bambusfasern besteht.

Die Kinder nehmen die Bambusfasern zwischen beide Handflächen und reiben die Hände kräftig hin und her – es hört sich an wie das Prasseln eines Feuers. Wird diese Feuermusik auf Kassette aufgenommen, wird das Geräusch des Feuers noch deutlicher hörbar.

Die offene Feuerstelle als Herd, Ofen, Grill oder Lichtquelle

Verschiedene Feuerstellen und deren Einsatzmöglichkeiten:

- Das **Pyramidenfeuer** (s. S. 38) ist das gebräuchlichste Lagerfeuer. Es ist benannt nach der von den Hölzern gebildeten Pyramidenform.
- Wenn das Feuer nur wenig Licht und Rauch entwickeln soll, eignet sich das **Trapperfeuer**. Die Holzscheite werden nicht aufrecht stehend, sondern auf dem Boden sternförmig zur Glut gerückt.
- Wenn es regnet, eignet sich das **Hirtenfeuer**: Das Feuer wird zwischen zwei Steinen entzündet. Ein Kochtopf darüber schützt die Flamme vor dem Ausgehen.
- **Polynesierfeuer**: Eine kegelförmige Grube ausgraben, an den Wänden ringsum Hartholzscheite aufstellen. In der Mitte der Grube aus Weichholz ein Feuer entfachen. Wenn die Hartholzscheite glühen, den Kochtopf auf die Grube setzen.
  Soll die Glut lange erhalten bleiben, eine Steinplatte locker auf die Grube legen.

- Soll Wärme in eine bestimmte Richtung gelenkt werden, eignet sich das **Reflektionsfeuer**: Eine Wand aus Steinen oder frischen Hölzern lenkt die Hitze des Feuers in eine bestimmte Richtung.
- Soll ein Topf über der Feuerstelle erwärmt werden, eignen sich das **Dreibeinfeuer** und das **Galgenfeuer**. Beim Dreibeinfeuer drei starke, frische Äste zu einem Tragegestell binden, beim Galgenfeuer einen langen Ast über eine Astgabel legen; an beiden kann ein Kessel aufgehängt werden.
- Soll das Feuer weithin sichtbar sein, also außergewöhnlich hell brennen, eignet sich das große **Pagodenfeuer**: Die Holzscheite übereinander stapeln. Dieses Feuer lässt sich schwer entzünden, darum unter den ersten Holzscheiten erst ein Pyramidenfeuer zum Anzünden aufbauen.

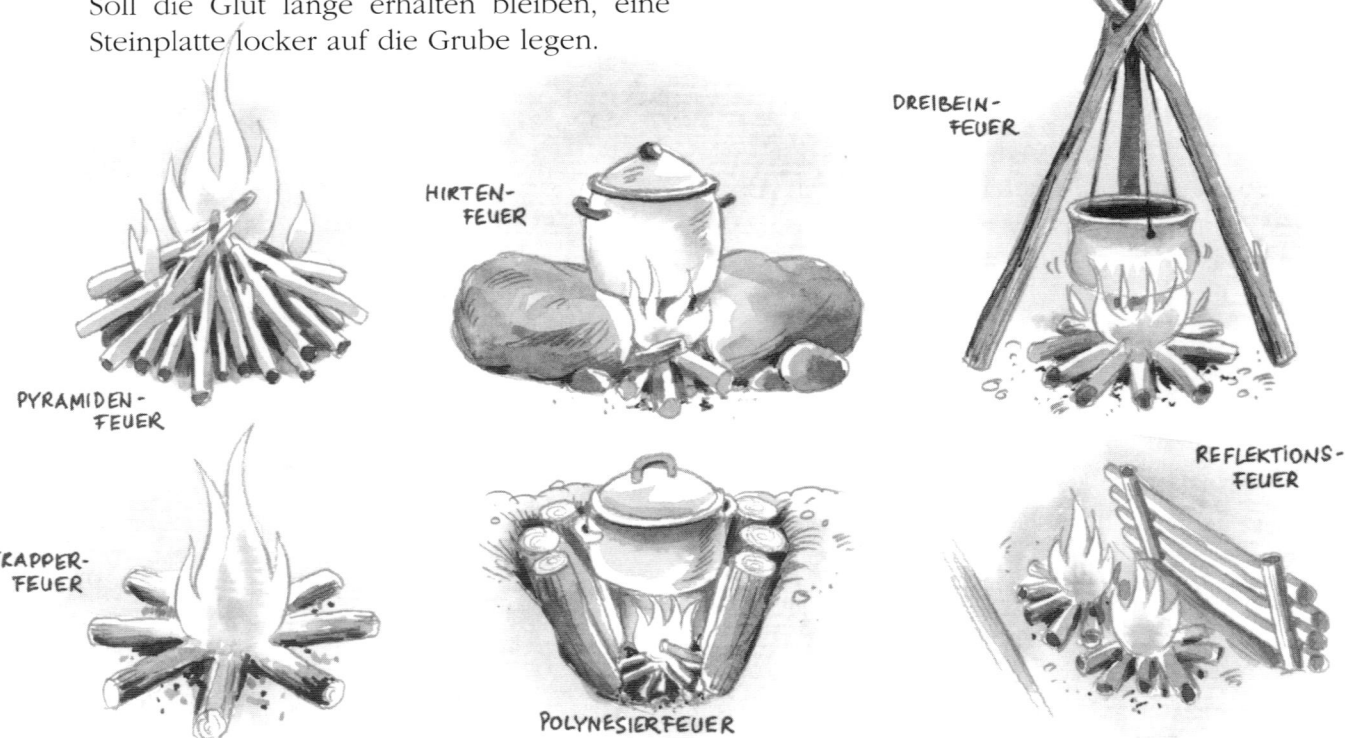

PYRAMIDEN-FEUER

TRAPPER-FEUER

HIRTEN-FEUER

POLYNESIERFEUER

DREIBEIN-FEUER

REFLEKTIONS-FEUER

Das Grillfeuer

Material: handelsüblicher Grill (ersatzweise alter großer Eisentopf oder Zinkbadewanne), Holzkohle, Grillanzünder, Blasebalg oder Feuerfächer, Gitterrost für die Speisen, eventuell ein paar Zweige Salbei, Grillzange, Würstchen, Fleisch etc.
Alter: ab 5 Jahren

> ⚠ **Beim Aufstellen des Grills unbedingt auf sicheren Stand achten!**

Die Holzkohle auf die Grillstelle legen. Ein Erwachsener entzündet das Feuer mit einem Grillanzünder.

Die Kinder können dann mit einem Blasebalg oder einfachen Luftfächer dem Feuer Luft zuführen. Ein Erwachsener zeigt ihnen das Fächern, damit sie nicht die Glut von der Grillstelle fegen: Im Abstand von einem Meter stellen sich die Kinder auf und bewegen den Fächer von oben nach unten. Nun ist gut zu beobachten, wie die Holzkohle durch den Luftzug aufflammt. Nicht zu sehr fächern, sonst kühlt die Kohle zu sehr ab.

Erst wenn die ganze Holzkohle glüht, den Rost über die Grillstelle legen, darauf die Speisen legen (Rezepte s. u.). Mit einem Zweiglein Salbei in der Glut entwickelt sich ein würziger Rauch, der, abgesehen davon, dass er in früheren Zeiten böse Geister vertreiben sollte, auch den gegrillten Speisen einen angenehmen Geschmack beschert.

Tipp: Ist kein Grill vorhanden, leistet auch ein alter großer Eisentopf oder eine Zinkwanne gute Dienste. Den Rost aus dem Backofen als Grillrost verwenden.

PAGODENFEUER

GALGENFEUER

GRILLFEUER

Rezepte für den Grill

Gegrillte Banane

Zutaten:
Bananen

Einfach die Banane in ihrer eigenen Schale auf den Grill legen.
Die Schale schützt die Banane vor dem Verbrennen. Ist die Schale schön braun gegrillt, die Banane mit einer Grillzange vom Feuer nehmen. Auf den Teller legen, mit einem Messer in Längsrichtung teilen, aufklappen und mit einem Löffel herausessen.

Kartoffeln mit Kräuterbutter

Zutaten:
Kartoffeln, 250 g Butter, Salz, frische Kräuter (Salbei, Rosmarin oder Petersilie und Schnittlauch), 2 Knoblauchzehen, Alufolie

Zubereitung:
Die ungeschälten Kartoffeln im Topf 20 Minuten kochen, so dass sie noch nicht verfallen.

Inzwischen die **Kräuterbutter** herstellen:
Die zimmerwarme Butter auf einen Teller legen und mit der Gabel Rillen hineindrücken.
Die Kräuter mit dem Messer fein schneiden, über die Butter streuen und eine gute Prise Salz darüber geben.
Den Knoblauch schälen und mit der Knoblauchpresse über die Butter drücken.
Nun mit der Gabel alles gut vermengen. Mit den Händen schnell eine Rolle formen und die Kräuterbutter in den Kühlschrank stellen, damit sie wieder ihre Festigkeit erreicht.

Das Wasser der gekochten Kartoffeln abschütten (Erwachsener).
Die Alufolie in taschentuchgroße Stücke reißen. Auf jedes Stück eine Kartoffel legen, diese in der Mitte einkerben und ein Scheibchen Kräuterbutter darauf legen. Die Alufolie nach oben schließen und die Enden zudrehen. Die Kartoffeln aufrecht auf den Grillrost setzen, sonst fließt das Fett der Butter in den Grill und es entsteht unangenehmer Rauch.
Die Kartoffeln nach kurzer Zeit vom Rost nehmen und verzehren.

Currysoße

Zu Grillwürstchen passt ganz wunderbar selbst gemachte Currysoße.

Zutaten:
Mayonnaise, Tomatenketchup, Currypulver

Zubereitung:
Mayonnaise und Tomatenketchup zu gleichen Teilen in einem Schüsselchen verrühren. Currypulver dazugeben, bis eine goldbraune Färbung entsteht.

Feuerstellen in der Steinzeit

Vor ca. 40.000 Jahren bauten unsere Vorfahren ihren Herd in Gruben oder brieten ihr Fleisch direkt auf flachen Steinen. Sie bedienten sich dabei der Natur und nahmen als Kochstellen jene Steine, die in ihrer Gegend vorkamen.
Auch konnten sie Wasser in Erdlöchern zum Kochen bringen. Sie erhitzten Steine im Feuer und warfen diese in das Wasser.

Der heiße Stein

Material: flache Steine (Sandstein, Kalkstein oder Porphyr), Holz, Streichhölzer, Papier, Spaten, Wasser, Besen, flache Fleischscheiben nach Belieben, evtl. Alufolie, Teller, Besteck
Alter: ab 6 Jahren

Die flachen Steine (aus der Natur oder vom Baustoffhandel) auf feuchtem Erd- oder Sandboden auslegen.
Ein Pyramidenfeuer (s. S. 38) darauf entfachen und eine Stunde unterhalten.
Neben der Feuerstelle mit dem Spaten ein Glutloch ausheben (zwei Spatenstiche). Die Glut mit einem nassen Besen entfernen und in das ausgegrabene Glutloch fegen. Das Glutloch aus Brandschutzgründen mit Sand oder Erde bedecken.

Das Fleisch direkt auf den Steinen braten. Wem die Steine zu verkohlt sind, nimmt als Unterlage Alufolie.
Vor dem Verzehr das Fleisch mit der Gabel herunternehmen, aufschneiden und prüfen, ob es durchgebraten ist.

Steinzeitlicher Tauchsieder

Material: Holz, Papier oder Reisig, Streichhölzer, drei faustgroße Steine, alter Suppentopf, Wasser, feuchtes Tuch und Arbeitshandschuhe, 1 Bund frische Pfefferminze auf 3 Liter Wasser (oder entsprechend viele Pfefferminzteebeutel)
Alter: ab 6 Jahren

Ein Pyramidenfeuer (s. S. 38) entzünden.
Hierein die Steine legen und eine Stunde in der Glut erhitzen.
Den Topf mit Wasser füllen.
Mit Arbeitshandschuhen und feuchtem Tuch die Steine vorsichtig aus der Glut nehmen. Mit dem feuchten Tuch die Steine von Rußteilchen reinigen und in den Topf legen. Die Pfefferminzblätter dazugeben.
Nach 10 Minuten ist der Pfefferminztee fertig.

Von Feuerstein bis Zündholz

Wann genau Menschen in der Lage waren, selbst Feuer zu entfachen, lässt sich nicht genau sagen. In einer Höhle in Belgien fand man eine 10.000 bis 15.000 Jahre alte Pyritknolle, die tiefe Rillen aufweist. Diese können nach Expertenmeinung nur durch das Schlagen mit einem Feuerstein entstanden sein. Bei „Ötzi", einem mumifizierten Mann aus den Ötztaler Alpen, der wohl vor 5.300 Jahren lebte, fanden Forscher auch Zunderschwamm, Pyrit und einen Feuerstein, die er in einem Lederbeutel an der Hüfte trug.

Über die zweite Methode der Feuererzeugung, das Feuerreiben mittels Hartholz und Weichholz, gibt es keine Funde, da organische Gegenstände eben nicht so lange erhalten bleiben. Welche Form der Feuererzeugung häufiger verwendet wurde, ist bei Experten umstritten.

Der **Feuerstein** oder auch Flint ist ein Kieselgestein meist aus Quarz. Er kommt in Deutschland auf Rügen, aber auch in Nord- und Mitteldeutschland vor. Der Feuerstein ist leicht zu scharfkantigen Stücken zu brechen. Er ist der älteste Rohstoff, der vom Menschen zur Herstellung seiner Geräte verwendet wurde. In der Altsteinzeit waren anfangs alle Geräte aus Feuerstein. Zum Feuerschlagen wurde er bis ins 19. Jahrhundert verwendet.

Pyrit oder auch Eisenkies ist eine lockere Eisen-Schwefelverbindung, die in vielen Steinen vorkommt. Pyrit finden wir häufig bei Mineralienausstellungen. Es ist ein messinggelbes Mineral, das im Volksmund als „Katzengold" bezeichnet wird.

Als **Zunder** bezeichnet man alle Materialien, die so entzündlich sind, dass jeder noch so kleine Funken sie in Glut verwandelt. Früher wurde dazu Zunderschwamm verwendet. Dies ist ein salpeterhaltiger Baumpilz, der gerne auf Buchen und Birken sitzt. Um den Zunderschwamm zum Feueranzünden zu verwenden, befreite man ihn von der oberen Rinde und der unteren Röhrenschicht. Die Mittelschicht des Pilzes wurde anschließend mehrmals gekocht, gebalgt, in Salpeterlösung getränkt und getrocknet. Der so präparierte Zunder ließ sich durch auftreffende Funken leicht zum Glimmen bringen. Im 18. und 19. Jahrhundert gab es eine regelrechte Zunderindustrie. Ihr Zentrum war Ulm, hier kam der berühmteste Zunder her.

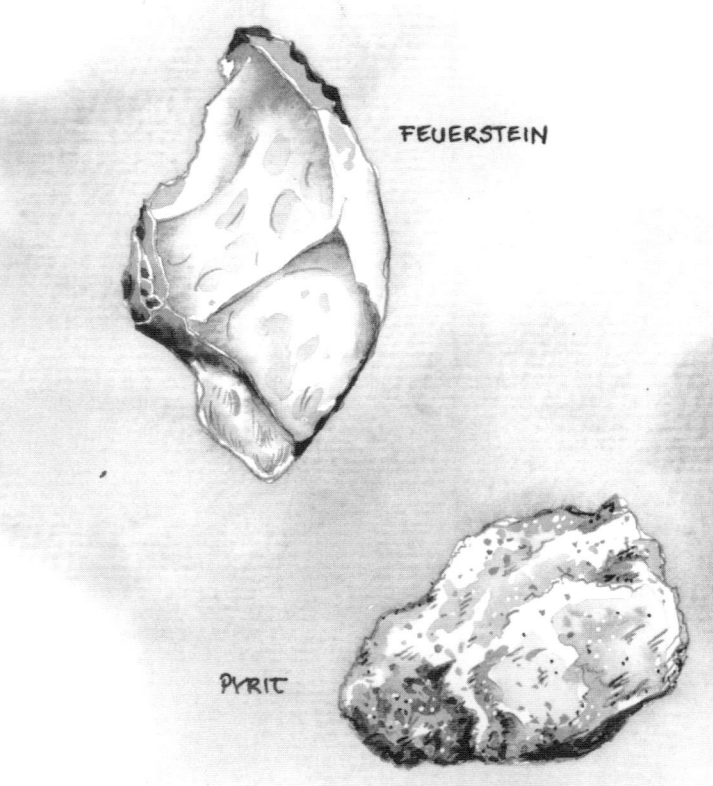

FEUERSTEIN

PYRIT

Die zwei Formen der Feuererzeugung – mit Stein oder mit Holz – entwickelten sich in den Jahrtausenden natürlich weiter. Die meisten Feuerzeuge funktionieren noch heute nach dem Prinzip des Funkenschlags aus Feuersteinen. Allerdings wird als Feuerstein Cereisen verwendet, das 1903 erfunden wurde. Dieses wird im Volksmund ebenfalls als Feuerstein bezeichnet. Es entwickelt im Gegensatz zum echten Feuerstein sehr heiße Funken, wenn es gegen ein sich drehendes geriffeltes Stahlrad gedrückt wird. Diese Funken genügen, um den Benzindocht oder das Feuergas zu entzünden.

Das Reibeholz wurde zum **Zündholz**, als im 17. Jahrhundert verschiedene Erfinder entdeckten, dass man in Schwefel getunkte Hölzchen entzünden konnte, indem man sie durch ein gefaltetes raues Papier zog, das mit Phosphor bestrichen war. Diese Zündhölzer konnten sich leicht selbst entzünden, außerdem war der weiße Phosphor hochgiftig und viele Menschen kamen bei der Zündholzproduktion ums Leben. Erst der Schwede Johann Eduard Lundström erfand 1866 die uns vertrauten Schwedenhölzer, so genannte Sicherheitszündhölzer, bei denen der giftige weiße Phosphor durch den weniger gefährlichen roten Phosphor ersetzt wurde.

Lundström brachte sie in einer Schiebeschachtel mit zwei Reibeflächen auf den Längsseiten jeder Schachtel auf den Markt. Seither kann jeder Mensch zu jeder Zeit selbst auf bequemste Art Feuer selbst entzünden.

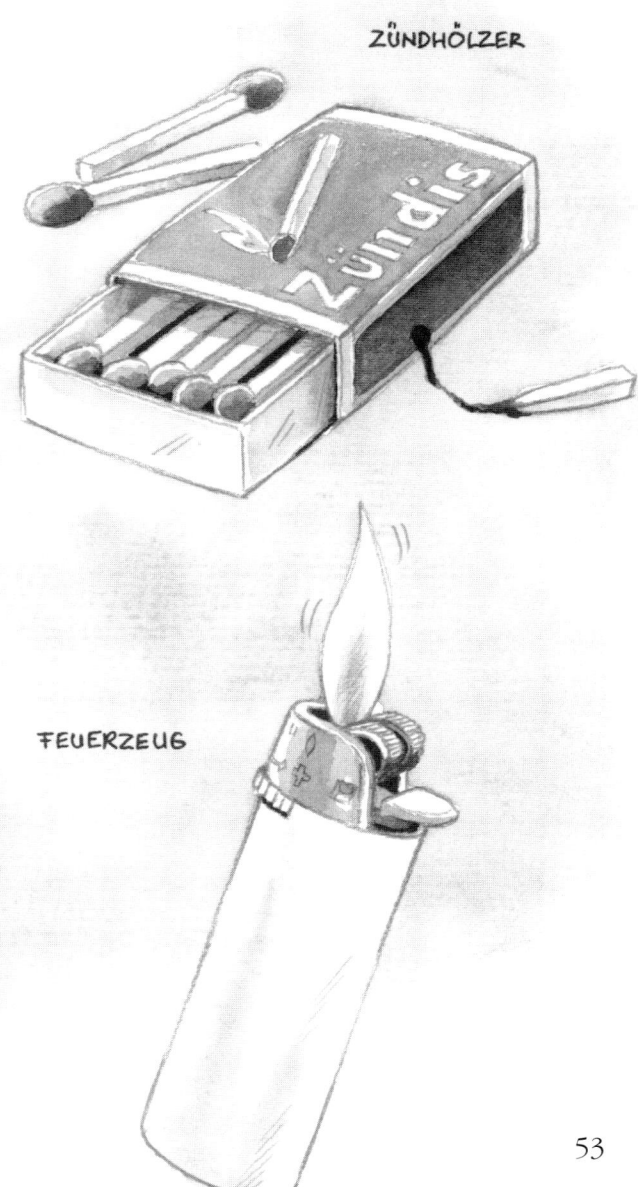

ZÜNDHÖLZER

ZUNDERSCHWAMM

FEUERZEUG

Märchen vom unscheinbaren Hölzchen

Das Volk der Azteken lebte in Aztlan. Die Leute waren dort sehr glücklich und gebaren viele Kinder. Bald reichte die Nahrung von den umliegenden Jagdgründen und Weideflächen nicht mehr aus.

Die Häuptlinge Uiziton und Tecpatzin machten sich tagelang Gedanken, wie sie das Problem lösen könnten. Wie sie so saßen, hörten sie den Ruf eines Vogels: „Tiui-tiui! Tiui-tiui!" In der Sprache der Azteken heißt das: „Zieh fort!" Die beiden Häuptlinge nahmen das als Zeichen des Himmels und beschlossen, dass ein Teil des Volkes weiterziehen müsse, um neue Jagdgründe und Weideflächen für die Tiere zu suchen. Es fanden sich viele Männer und Frauen, die bereit waren, mit ihren Kindern loszuziehen, um mit dem Häuptling Uiziton neues Land zu besiedeln. Kundschafter wurden losgeschickt und fanden tatsächlich bald eine geeignete Stelle.

In dieser Gegend lebte eine Schlange in einer Höhle. Sie hielt gar nichts von den Plänen der Azteken, weil sie sich vorstellte, dass die lärmenden Kinder sie stören könnten. So ersann sie eine List in der Hoffnung, das Volk würde sich streiten und so von dem Plan auszuwandern abkommen. Sie legte des Nachts zwei Bündel ins alte Lager der Azteken.

Am nächsten Morgen packten die Bewohner ein Bündel aus und fanden darin einen grünen Smaragd von unglaublicher Schönheit und unschätzbarem Wert. Die Bewohner, die im Lager bleiben sollten, riefen: „Der Schatz bleibt aber bei uns!" Da erregten sich die Azteken, die ins neue Lager ziehen wollten, und riefen: „Den Schatz nehmen wir mit, schließlich nehmen wir die Mühe des langen Weges auf uns!"

Uiziton riet den Streitenden, doch erst einmal das zweite Bündel zu öffnen. Doch als sie sahen, dass darin nur ein Rundholz und ein Flachholz waren, ging ein Murmeln der Enttäuschung durch die Reihen. Uiziton aber erkannte den Wert der Hölzer und rief seinen Leuten zu: „Lasst den Smaragd im Lager, die beiden Hölzer nützen uns mehr auf der Wanderung!"

Auf dem Weg zum neuen Lager zeigte sich, wie recht Uiziton hatte. Bei der ersten Rast holte er die beiden Hölzer aus dem Beutel, setzte den Rundstab in die Vertiefung des Flachholzes und drehte den Rundstab so lange, bis er am unteren Ende zu brennen begann. Nun hatte das Volk Feuer und alle konnten sich wärmen. Die Schlange aber gab auf und verkroch sich in eine ruhigere Gegend.

Feuerstein, Pyrit und Zunder

Je härter der Stein, je schöner die Funken.
(DEUTSCHES SPRICHWORT)

Obwohl ein altes Sprichwort sagt, „es brennt wie Zunder", ist es langwierig, bis der Zunder glüht. Als Zunder kann neben Zunderschwamm eine Fülle von anderen Naturmaterialien verwendet werden: trockenes Moos oder Birkenrindenkringel und von der Sonne gedörrtes Holundermark, aber auch verkohlte Stoffreste. Die Rindenröllchen erhält man durch Ablösen papierdünner Schichten von Birkenrinde. Diese kringeln sich dann von selbst.

Material: zwei Feuersteine, Pyrit, Birkenrindenkringel oder Stroh, feuerfeste Unterlage
Alter: ab 6 Jahren

- Zwei Feuersteine im Dunkeln aneinander schlagen – sofort sind Funken zu sehen. Diese Funken entfachen zwar noch kein Feuer, da sie kalt und kurzlebig sind, doch sind sie der Beweis, dass durch Steine Funken entstehen.
- Einen Feuerstein an eine Pyritknolle schlagen – der Funkenschlag ist intensiver und es riecht gleich brenzlig nach Schwefel. Werden die Funken von darunter liegendem Zunder aufgefangen, kommt es – unterstützt durch leichtes Pusten – zur Flammenbildung.

Feuerbohrer

Bei der Feuererzeugung mit Holz sind ein Flachholz und ein Rundholz nötig. Das Flachholz muss aus weichem Holz sein (Fichte, Kiefer, am besten soll sich hierzu Efeuholz eignen), der Rundholzstab soll aus Hartholz sein (meist Buchenholz).

Einfacher Feuerbohrer

Material: Buchenrundholzstab (Bastelgeschäft), Brettchen aus Weichholz, etwas Sand, Zunder
Alter: ab 8 Jahren

Die Sandkörner auf das Brettchen legen. Den Rundholzstab darauf stellen und mit Druck zwischen beiden Handflächen kräftig hin und her drehen. Die Sandkörner wirken wie Schleifpapier, es zeigt sich eine Vertiefung. Solange weiter schleifen, bis sich eine Kerbe zum Außenrand gebildet hat. An die Kerbe den Zunder legen. Das Rundholz solange hin und her bewegen, bis durch die Reibung ein Funke „springt". Fällt der Funke auf den Zunder, entsteht – unterstützt durch leichtes Pusten – eine Flamme.
Diese Methode ist sehr schweißtreibend, weil es für ungeübte Hände zu lange dauert, bis die Reibungswärme so stark ist, dass „der Funke überspringt".

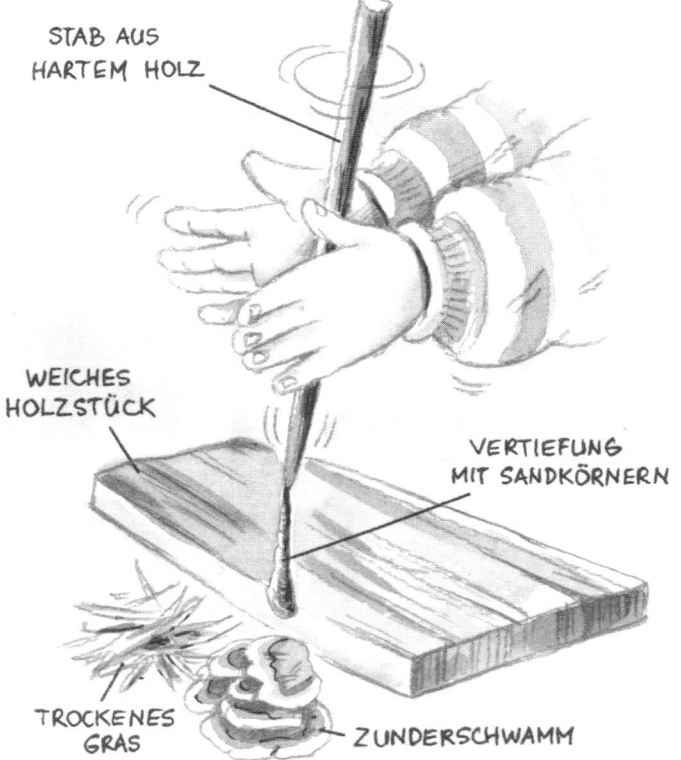

STAB AUS HARTEM HOLZ

WEICHES HOLZSTÜCK

VERTIEFUNG MIT SANDKÖRNERN

TROCKENES GRAS

ZUNDERSCHWAMM

Feuersäge

Material: Haselnussstecken, Schnur, Rundholz und Flachholz, etwas Sand oder kleine Feile, Zunder
Alter: ab 10 Jahren

Aus Haselnussstecken und Schnur einen Bogen herstellen.
Die Bogensehne um das Rundholz, den Bohrstab, schlingen und diesen durch schnelles Hin- und Herbewegen des Bogens in wechselnde Drehung versetzen: Mit der einen Hand den Bogen bewegen, mit der anderen Hand den Rundstab leicht nach unten auf das mit Sand bestreute Flachholz drücken.

Durch die Sandkörner bildet sich zuerst wieder eine Kerbe in Richtung Zunder. Den entstandenen Funken leicht auf den Zunder pusten und es entsteht eine Flamme.
Diese Methode ist die bekannteste und – nach Expertenmeinung – auch die sicherste Art des Feuerbohrens.
Tipp: Um die Prozedur etwas abzukürzen, kann die Kerbe zum Zunder auch mit einer Feile vorbereitet werden.

Holzkohle, Rauch, Ruß und Asche

Holzkohle, Rauch, Ruß und Asche sind Produkte des Feuers. Sie alle weisen auf eine unvollständige Verbrennung hin. Holzkohle wird seit alters her von Menschen gemacht. Dabei wird Holz unter Luftabschluss solange verschwelt, bis es angekokelt ist und seine Strukturen aufgebrochen sind. Ließe man Luft daran, würden die Hölzer verbrennen. Diese so entstandene Holzkohle brennt viel heißer als Holz und glüht lange nach.

Im Mittelalter versah die Arbeit der Holzkohleherstellung der Köhler. Auf einer freien Fläche im Wald baute der Köhler einen dreieckigen Kamin aus Holzstämmen. Um diesen Kamin stapelte er weitere Stämme kreisförmig herum. Darauf baute er ein Dach aus Holzstämmen, von denen jedes in Richtung auf den Kamin lag, ohne den Schacht zu blockieren. Dieses Dach bedeckte der Köhler mit Farn und anderen Pflanzenteilen. Zum Schluss wurde der Meiler mit einer dicken Erdschicht abgedeckt. (In Museumsdörfern lassen sich manchmal noch Köhlereien besichtigen.)

Der Köhler warf brennende Holzkohle und leicht brennbaren Zunder durch den Kamin, um das Holz in Brand zu setzen. Hatte sich das Feuer über den ganzen Meiler verbreitet, wurde auch das Kaminloch mit Erde abgedeckt. Der Meiler brannte dann eine Woche. Löcher, die beim Schwelbrand entstanden, musste der Köhler sofort wieder mit Erde zudecken; sonst hätte alles zu viel Feuer gefangen und seine Arbeit wäre umsonst gewesen. Heute wird Holzkohle industriell hergestellt.

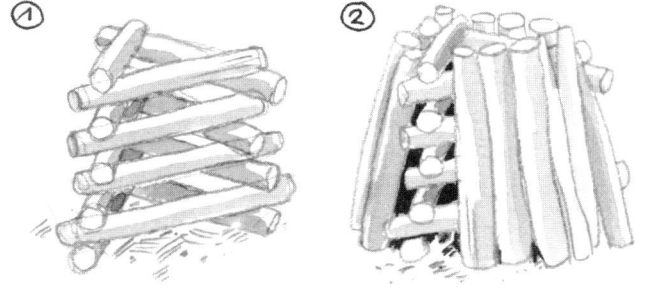

① ②

KÖHLER

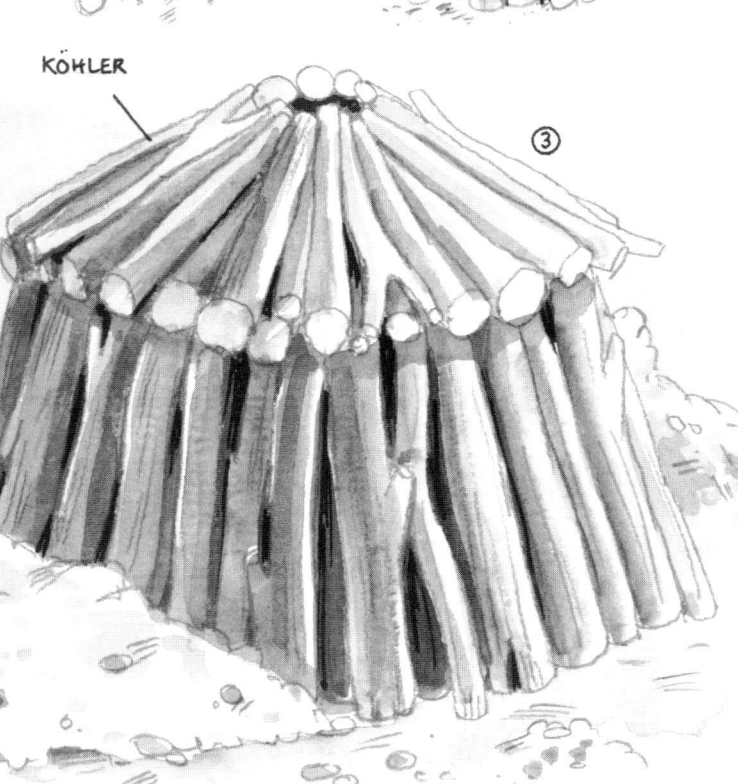

③

Kohlestifte herstellen

Material: fingerdicke Äste, Alufolie, Zeichenpapier, Grillfeuer
Alter: ab 4 Jahren

20 cm lange Äste in Alufolie wickeln und mit in das Grillfeuer geben. Die Äste verkohlen ähnlich wie in einer Köhlerei, da zwar genügend Wärme im Grillfeuer entsteht, aber der Sauerstoff aus der Luft für die vollständige Verbrennung fehlt. Sind die Äste erkaltet, können die Kinder damit malen, z. B. ihr eigenes Bild von einer Köhlerei...

Rauchkringel

Rauch ist ein Produkt der Verbrennung. Rauch enthält außer den Abgasen feste und flüssige Teilchen wie Ruß, Asche und Teertröpfchen. Da der Rauch konservierend wirkt, werden bestimmte Lebensmittel wie Fleisch oder Fisch auch extra in den Rauch gehängt, also geräuchert. Der Rauch galt von jeher als heilig. Als Kulthandlung wurden zuerst im Orient bestimmte Riechstoffe, vor allem Weihrauch, geräuchert. Das Entzünden von Weihrauch ist besonders in der katholischen Kirche Bestandteil des Gottesdienstes.

Material: pro Kind ein würfelförmiger Karton (ca. 20 cm), Schere, 2-4 Räucherkegel, Streichhölzer, eine feuerfeste Unterlage (z. B. leere Sardinenbüchse)
Alter: ab 4 Jahren

In die Mitte des Kartondeckels ein kreisrundes Loch (ca. 3 cm) schneiden. Den Karton so auf die Seite legen, dass seine Öffnung jetzt seitlich ist. Die Spitze der Räucherkegel entzünden und diese auf dem feuerfesten Untersatz in den Karton stellen. Den „Deckel" schließen.

Drücken oder klopfen die Kinder mit der Hand auf den Karton, kommen aus der Öffnung kleine Rauchwölkchen und Rauchkringel...

Rußmalerei

Ruß ist tiefschwarzes Pulver, das bei unvollständiger Verbrennung entsteht. Technisch hergestellter Ruß wird zur Herstellung von Farben, Tuschen und Kohlestiften verwendet.

Material: Porzellanteller, Margarine, brennende Kerze, Papier, Stift
Alter: ab 4 Jahren

Mit dem Finger Margarine auf die Unterseite des Porzellantellers streichen. Den Teller über die Kerzenflamme halten. Da die Luftzufuhr der Flamme gestört ist, kommt es zu einer unvollständigen Verbrennung und es bildet sich auf der Unterseite des Tellers Ruß. Durch die Margarine wird der Ruß „streichzart".
Mit dem Ruß lassen sich mit dem Finger wunderschöne Bilder „drucken" von Raben oder Schornsteinfegern... Die Fingerabdrücke können mit einem Stift ergänzt und „feingezeichnet" werden.
Tipp: Beim „Schwarzer Peter" spielen, eignet sich dieser Ruß als „Gesichtsmalfarbe" besonders!

Fruchtbare Asche

Asche bleibt bei der Verbrennung organischer Teile zurück. Auch die Asche galt schon früh als heilig, da ihre verschiedenen Inhaltsstoffe als Dünger für das Pflanzenwachstum wirken. So ist ein Waldbrand ökologisch gesehen reinigend und durch die entstehende Asche wachstumsfördernd. Vulkanasche macht die Felder ebenfalls fruchtbar.

Material: vollständig erkaltete(!) Asche
Alter: ab 4 Jahren

Die Asche, die bei einem Feuer entsteht, sammeln und damit einen Teil des Blumenbeetes düngen.
Im Verlauf des Sommers das Wachstum der Pflanzen im gedüngten und ungedüngten Beet beobachten.

DIE NUTZUNG DES FEUERS

Das Feuer bietet uns Wärme und Licht. Diese beiden Eigenschaften machten sich die Menschen bis heute in unterschiedlicher Form zunutze. Seit den ersten lodernden Feuerstellen bis zu den vielfältigen Energieanwendungen unserer Zeit wurde die Nutzung des Feuers ständig weiter entwickelt.

Am Anfang standen die Lehmbacköfen der Steinzeit. Die Energie, die durch die Wärme des Feuers entsteht, wurde ab dem 19. Jahrhundert genutzt, um Dampfmaschinen anzutreiben. Die Verbrennungsmotoren der Fahrzeugindustrie von heute werden ständig modernisiert.

Längst ist es der Menschheit möglich, mit Hilfe der Energie des Feuers durch die Lüfte, ja sogar in den Weltraum zu fliegen.

Das lodernde Feuer bedeutet für die Menschen auch Licht im Dunkel. Die brennende Kerze beleuchtet den Wohnraum, die Fackel erhellt den Pfad durch das Dunkel. Das Licht des Leuchtturmes weist den Seeleuten den Weg zum sicheren Hafen.

Allerdings hat die Nutzung des Feuers durch den Menschen zwei Gesichter. Die Menschen benutzten das Feuer immer wieder, um Kriege zu führen und anderen zu schaden. Und auch die friedliche Nutzung des Feuers birgt Gefahren: Schlimme Brandrodungen vernichten zur Zeit den tropischen Regenwald. Dies ist die größte zusammenhängende Waldfläche auf der Welt und ihre Zerstörung hat für unser gesamtes Weltklima verheerende Auswirkungen. Problematisch für die Umwelt und das Klima ist auch die ungeheure Schadstoffbelastung durch die Abgase der Verbrennungsmotoren.

Die Nutzung der Wärme

Dem Feuer ein Haus bauen

Solange unsere Vorfahren noch nicht sesshaft waren, genügte für die Zubereitung von erlegtem Wild eine einfache Feuerstelle. Sobald sie dauerhaft in einer Wohnstätte lebten, zog auch das Feuer mit unter das Dach. Ein Beispiel hierfür ist eine mittelsteinzeitliche Wohngrube (ca. 5.000 vor unserer Zeitrechnung), die bei Grabungen im heutigen Köln-Lindental freigelegt wurde. In dieser Wohngrube befand sich eine Herdgrube, die einfach mit Steinen ausgelegt war. Diese Herdgrube ist die Vorstufe zum Backofen.

Die nächste Form des Backofens ist der so genannte Grubenbackofen. Über der mit Steinen ausgelegten Feuerstelle wölbt sich eine kuppelförmige Erdschicht. Dadurch, dass der Mensch dem Feuer ein Haus baute, konnte er die Wärme des Feuers optimal nutzen. Die unterirdischen Backöfen konnten sich bis tief in das Mittelalter hinein behaupten.

Lehmofen

Lehm gehört zu den ältesten Baustoffen. In vielen Schöpfungsgeschichten ist der Lehm der Grundbaustoff des Lebens überhaupt. Wir finden Lehm auf allen fruchtbaren Äckern. Sobald die Erde sich klebrig anfühlt, ist der ideale Baustoff für einen Lehmbackofen gefunden. Alteingesessene Einwohner kennen manchmal stillgelegte Lehmgruben. Kieswerke geben ebenfalls günstig Lehm ab. Soll der Lehm nicht vor Ort verbraucht werden, sind starke Helfer und ein Lastenfahrzeug nötig, denn Lehm wiegt sehr viel und ist schwer zu transportieren. Vor dem Bau eines Ofens muss der zuständige Träger einer Einrichtung bzw. die Gemeinde um Erlaubnis gefragt werden.

Material: 500 kg Lehm, zwei große Wannen, 10 Eimer Wasser, Gummihandschuhe, ein Ballen Stroh, ein rechteckiges Backblech, einen Beetbegrenzungsstein (Baustoffhandel; 30 x 50 cm), einen Spaten, einige Lappen, um die Hände zwischendurch abzuwischen, Kleidung, die verschmutzen darf, Verpflegung für die OfenbauerInnen;

- *bei Verwendung von Steinen:* Feldsteine oder Backsteine, alter Blumentopf aus Ton, Hammer;
- *bei Verwendung von Ruten:* einen Bündel Weidenruten oder Haselnussstecken (2 cm), Blumendraht, 20 bis 40 Hohlblockziegel;
- *zum Verzieren:* alte Kacheln, Tonscherben o. Ä., Arbeitshandschuhe, Tuch, Hammer;
- *zum Einbrennen des Ofens:* Streichhölzer, Stroh, dünne und dickere Äste von trockenem Holz, Sand als Brandschutz;

- *Haltbarmachen des Ofens:* 1 Teil Magerquark, 5 Teile gelöschter Kalk (Weißkalk) vom Baustoffhandel, Rührlöffel, dicke Borstenpinsel, Arbeitshandschuhe, Ackerfolie

Alter: ab 4 Jahren (unter Anleitung)

Den Lehmofen in der warmen Jahreszeit während einer Schönwetterperiode bauen, so kann er schneller austrocknen.

Für den Bau eines Lehmofens mindestens vier Stunden Zeit einplanen. Der Ofen kann am selben Tag noch befeuert werden.

Den Platz so wählen, dass das Ofenloch nach Westen zeigt; das ist die Hauptwindrichtung und der Ofen zieht später besser. Hinter dem Ofen dürfen keine trockenen Äste lagern, hier dürfen auch weder Bäume noch Hecke stehen, weil die Abluft sehr heiß ist und manchmal Flammen herausschlagen.

Den Ofen auf ebener Erde bauen. Ist die Fläche schräg, mit dem Spaten eine Grundfläche von ca. 1 Meter Durchmesser abgraben und ebnen. Der Lehmofen kann auf zwei Arten entstehen: Wenn genügend Steine vorhanden sind (etwa 40), verzichten wir auf das Weidengeflecht. Als Steine müssen dann keine Hohlziegel verwendet werden – alte Backsteine und normale Feldsteine genügen. Sind weniger Seine vorhanden, behelfen wir uns mit frischen Weiden- oder Haselstecken.

Vorbereitung des Lehms:

Die vorbereitenden Arbeiten direkt am vorgesehenen Ofenbauplatz ausführen, um später lange Wege zum Bauplatz zu vermeiden!

- In großen Wannen den Lehm unter Beigabe von Wasser mit den Füßen matschig stampfen. Am besten ist es, barfuß zu arbeiten. Zuerst ist das matschige Gefühl an den Füßen etwas ungewohnt, nach kurzer Überwindungsphase sind die Kinder aber nicht mehr zu bremsen und die Aktion macht riesig Spaß!
- Ist der Lehm schön eingeweicht, mit den Händen weiterarbeiten. Dazu besser Gummihandschuhe anziehen, weil die Hände im Wasser-Lehmgemisch leicht rissig werden. Die Lehmwanne mit einer Lage Stroh bedecken und mit vielen Händen die erste Schicht des Lehmbreies mit dem Stroh sorg-

fältig vermengen. Dieses Lehm-Strohgemisch handtellergroß auf die Grundfläche des Ofens verteilen, bis der Lehm die gesamte Fläche in einer Höhe von 5 cm bedeckt. Ist die erste Lehm-Strohmischung verbraucht, eine neue Lage Stroh auf die Wanne legen und erneut mit dem Lehmbrei vermengen.

- Das Backblech in die spätere Ofenöffnung halten und rechts und links einen Backstein setzen. So haben wir das ideale Maß für das Beschickungsloch und können später in den Ofen auch eine Blechpizza schieben.
- Etwa 8 Steine im Halbkreis hinter die Ofenöffnung gesetzt bilden die „Grundsteine" für die Ofenkuppel.
  Die ausgelegten Steine mit einer dicken Lehmschicht bedecken und diese gleichmäßig verschmieren.
- Für die Ofenöffnung jeweils drei Steine rechts und links in die Höhe mauern. Immer wieder eine dicke Lehmschicht dazwischen streichen. Als Sturz den Beetbegrenzungsstein auf die hochgemauerten Steine über die Ofenöffnung legen. Die Kuppel ebenfalls auf drei Steinschichten hoch mauern. Dabei die Steine in jedem neuen Ring etwas weiter nach innen legen, sodass die Kuppel sich stetig verjüngt. Werden die Steine im Kreis gelegt, entstehen am äußeren Rand immer wieder freie Winkel. In diese kleine Feldsteine legen.

Weitere Arbeitsschritte bei ausschließlicher Verwendung von Steinen:

- Für zwei weitere Reihen abwechselnd Lehm und Steine zur Kuppel schichten und die Steine außen und im Ofen gut mit Lehm zukleistern (jeweils ca. 5 cm dick). Über die Beetbegrenzungsplatte ebenfalls Steine schichten, so dass ein ganzer Kreis von Steinen entsteht.

- Hat die Kuppel eine Höhe von etwa 50 cm erreicht, in die nächste Steinschicht einen Schornstein gegenüber vom Ofenloch einbauen. Hierzu am besten einen alten Keramik- oder Blumentopf aus Ton ohne Boden verwenden. Den Boden einfach mit einem Hammer herausschlagen. Den Topf schräg nach oben ausrichten, mit Steinen rechts und links gut einklemmen und mit dem Lehm-Strohgemisch miteinander verbinden. Damit es in den Schornstein nicht hineinregnet, kann eine Scherbe eines Blumentopfes als kleines Dach eingemauert werden.
- Die Steine nun immer enger im Kreis mauern, bis zwei Steine das abschließende Dach des Kuppelofens bilden.

Weitere Arbeitsschritte bei zusätzlicher Verwendung von Weiden- oder Haselstecken:

- Etwa 60 cm lange Weiden- oder Haselstecken in die Öffnungen der Hohlziegel stecken und mit Blumendraht zu einer Kuppel formen. Zur Verstärkung Haselstecken in Ringen um die Kuppel flechten.
- Handtellergroße Lehm-Strohfladen innerhalb und außerhalb der Weidenkuppel als Ofenwand anbringen.
- In einer Höhe von ca. 50 cm gegenüber vom Ofenloch eine kuchentellergroße Öffnung lassen, hierein kleine Haselstecken von ca. 30 cm Länge kreisförmig stecken. Die Stecken ebenfalls innen und außen mit Lehm verschmieren, so entsteht automatisch der Schornstein. Wenn der Ofen später nicht gut zieht, einfach den Schornstein verlängern.

ANLEITUNG ZUM BAU EINES LEHMBACKOFENS

①

STROHLEHMGEMISCH AUF DIE
GRUNDFLÄCHE DES OFENS VERTEILEN

②

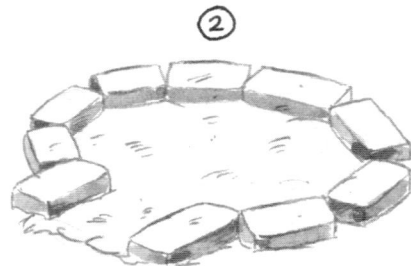

GRUNDSTEINE
FÜR DIE OFENKUPPEL LEGEN

③

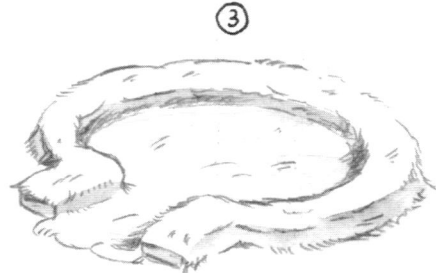

GRUNDSTEINE MIT EINER DICKEN
LEHMSCHICHT BEDECKEN

④

DREI STEINSCHICHTEN
HOCHMAUERN

⑤

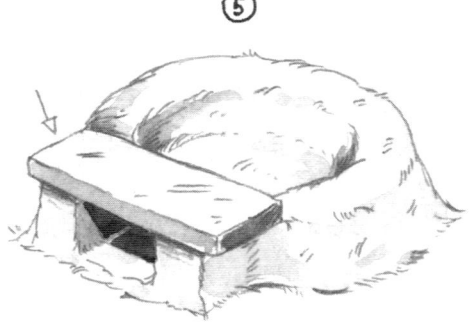

ALS STURZ EINEN BEETBEGRENZUNGSTEIN
ÜBER DIE OFENÖFFNUNG LEGEN

⑥

ÜBER DIE BEETBEGRENZUNGSPLATTE
EBENFALLS STEINE SCHICHTEN

⑦

SCHORNSTEIN GEGENÜBER
VOM OFENLOCH EINBAUEN

⑧

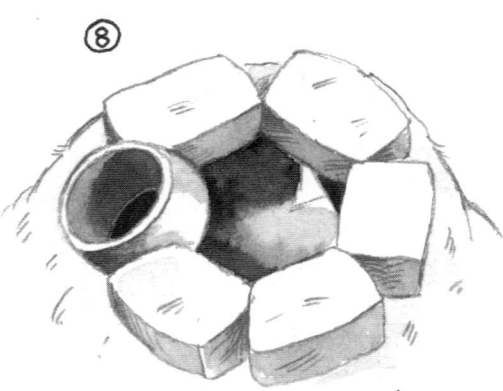

DEN TOPF SCHRÄG NACH OBEN AUSRICHTEN
UND MIT STEINEN GUT FESTKLEMMEN

⑨

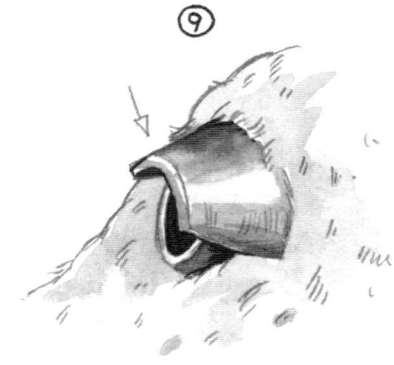

DIE SCHERBE EINES BLUMENTOPFES
ALS REGENSCHUTZ EINMAUERN

⑩

ZUMAUERN!

⑪

FERTIG!

Verzieren des Ofens:

In den noch nassen Lehm außen Muster aus Mosaiksteinchen legen. Hierzu Kacheln in ein Tuch wickeln und mit einem Hammer zerschlagen (so können keine Splitter ins Auge gehen!) und nach Belieben in den Lehm drücken.

Einbrennen des Ofens:

Kleinere und dickere Äste von trockenem Holz sammeln. Da erfahrungsgemäß noch genügend Stroh vom Bau des Ofens vorhanden ist, dieses als Unterzünder verwenden. Zuerst einen Knäuel aus Stroh formen und in den Ofen legen. Darüber eine Pyramide aus kleinen trockenen Ästchen bauen. Mit Hilfe eines langen Kaminstreichholzes nun das Feuer im Backofen entzünden. Zuerst qualmt der Ofen tüchtig. Doch nach und nach entsteht der richtige Zug und das Feuer brennt gleichmäßiger. Entstehen während der Befeuerung Risse im Lehmmantel, diese gleich wieder mit Lehm zuschmieren.

⚠ Wie bei einem offenen Feuer muss der Brand im Ofen ständig bewacht werden.

Da von jeher ein Ofen den Mittelpunkt einer Gemeinschaft bildet, folgen gemütliche Stunden am Ofen, bei denen die OfenbauerInnen immer wieder ein paar Holzscheite nachlegen werden und so den Trocknungsprozess des Ofens unterstützen.

⚠ Den Ofen beim Einbrennen nicht zu heiß befeuern. Im Ofen erst backen, wenn die Steine und der Lehm vollständig ausgetrocknet sind.

Haltbarmachen des Ofens:

Steht der Lehmofen längere Zeit ungeschützt im Regen, wird die Außenschicht des Lehmes wieder weich, der Ofen wird ausgewaschen und fällt schließlich wieder in sich zusammen. Um ihn vor Witterungseinflüssen zu schützen, wird er mit einem Außenputz überzogen.

Hierzu den gelöschten Kalk (ungelöschter Kalk ist für Kinderhände zu aggressiv) mit etwas Wasser vermengen (Erwachsener!) und dann etwas Magerquark beimengen, sodass eine cremige Paste entsteht. Diese Paste auf den Ofen auftragen (eventuelle Mosaiksteinchen aussparen) und trocknen lassen. Der Ofen bekommt dadurch einen hellen Anstrich und der Putz fühlt sich an wie die Schale eines Eies.

Ist der Putz gut ausgetrocknet, kann eine zweite Schicht folgen – je mehr Schichten, desto dicker und schützender die „Eierschale".

Wird der Ofen längere Zeit nicht befeuert, einfach eine Ackerfolie vom Baumarkt darüber stülpen und die Folie mit Steinen am Rand auf dem Boden beschweren.

Zwergenöfen

Material: Weiden- oder Haselzweige, Schaufel, Blumendraht, Sandeimerchen, Lehm, Wasser, Stroh, Teelicht
Alter: ab 4 Jahren

Als Alternative zum großen Lehmofen oder als vorbereitende Übung kann jedes Kind sich einen kleinen Zwergenofen bauen:

Weiden- oder Haselstecken auf ca. 30 cm kürzen. Im Garten eine kleine Fläche in der Größe eines Frühstücktellers mit der Sandschaufel ebnen. Um diesen Kreis herum acht Weiden- oder Haselstecken in die Erde stecken. Die Zweige an der Spitze mit Blumendraht zusammenbinden.

In einem Sandeimerchen Lehm, Wasser und Stroh oder trockenes Gras vermatschen und das Weidengerüst damit ummanteln. Mit einem Stecken ein Kaminloch bohren. Die kleinen Backöfen in der Sonne trocknen lassen. Ein kleines Teelicht als Zwergenfeuer in die Mitte des Zwergenofens stellen.

Handwerk mit dem Feuer

Mit der Nutzung des Feuers entstanden viele Handwerksberufe. Backen, Töpfern, Schmieden, Metallgewinnung und Glasbläserei gehören zu den ältesten Handwerken der Menschheit. Alle Öfen dienen dazu, Dinge durch Wärme zu verändern. Obwohl es einfacher zu bewerkstelligen ist, im selbst gemachten Lehmofen zuerst zu backen und später zu töpfern, wurde der Ofen vor ungefähr 10.000 Jahren tatsächlich von Töpfern erfunden. Erst später kamen altgriechische Bäcker auf die Idee, in diesem Ofen auch Brot zu backen.

Backen im Lehmofen

Wer keinen Lehmofen hat, kann die nachfolgenden Backwaren auch in einem normalen Küchenherd zubereiten.

Material: dünne und dickere Äste von trockenem Holz, Streichhölzer, Stroh, Spaten, Kaminbesteck o. Ä., zwei Besenstiele, alter Lappen, ein großes Küchenholzbrett mit Griff, zwei Schrauben, Schaubendreher, Blumendraht, Grillhandschuhe, Wasser
Alter: ab 5 Jahren (unter Anleitung von Erwachsenen)

Der Lehmofen muss vollständig ausgetrocknet sein, um darin zu backen, denn erst dann speichern Steine und Lehm die Hitze richtig. Deshalb den Ofen vor dem Backen eine gute Stunde tüchtig aufheizen.
Neben dem Backofen mit dem Spaten ein Glutloch ausheben. Die Glut mit einem Eisenschieber am Stecken (Kaminbesteck aus dem Baumarkt) aus dem Ofen räumen und in das Glutloch schieben (Erwachsener). Das Glutloch mit Erde abdecken.

Einen Besenstiel oder ein einen entsprechend starken Holzstecken an einem Ende mit einem feuchten Lappen umwickeln und damit den Boden des Backofens von Asche befreien.
Für den Broteinschub einen Besenstiel mit zwei Schrauben an den Griff des Küchenbrettes schrauben und beides mit Blumendraht umwickeln.
Da ein Brot durch die hohe Temperatur des Ofens leicht verbrennt, empfiehlt es sich zuerst eine Pizza oder einen Flammenkuchen zu backen, um dem Ofen die erste glühende Hitze zu nehmen.

Flammenkuchen

Der original „Elsässer Flammenkuchen" wird grundsätzlich im Holzofen gebacken.

Zutaten:
Hefeteig für zwei große Bleche:
1 Würfel Hefe, 1 kg Mehl, 1 Msp. Salz, 1 Glas Wasser, einige Tropfen Olivenöl;
für den Belag:
2 bis 3 Zwiebeln, 300 g durchwachsener Speck, 1/4 l Süßrahm, 1/8 l Sauerrahm oder Crème fraîche, Pfeffer und Muskatnuss, evtl. Schnittlauch oder Petersilie

Zubereitung:
Den Hefeteig zubereiten („Stockbrot" S. 41) und gehen lassen.
Die Zwiebeln und den Speck klein schneiden und in einer kleinen Pfanne auf dem Herd kurz andünsten. Alle anderen Zutaten dazugeben, verrühren und den Herd ausschalten.
Den Teig auswellen und mit dem Belag bestreichen.
Ab in den Ofen damit!

Weiß- oder Schönbrot

Zutaten:

700 g Weizen(vollkorn)mehl, ca. 400 g lauwarmes Wasser, 1 Würfel Hefe, 2 TL Salz, Sonnenblumenkerne, Leinsamen oder andere Saaten nach Belieben, Brotschieber

Zubereitung:

Mehl auf die Arbeitsplatte häufen, Salz darüber streuen, eine Mulde formen, die Hefe in etwas lauwarmem Wasser auflösen, in die Mulde geben und mit einer Gabel verquirlen. Das restliche Wasser nach und nach dazugeben und alles tüchtig kneten. Wenn gewünscht, noch einige Sonnenblumenkerne o. Ä. dazugeben.

In eine Schüssel legen, mit einem Handtuch abdecken und 15 Minuten an einem warmen Ort gehen lassen.

Den Teig zum Brot formen und nochmals 30 Minuten gehen lassen.

Ist der Backofen vorbereitet (s. o.) und ist ihm die erste Hitze durch das Backen eines Flammenkuchens genommen, das Brot mithilfe eines Brettes an einer langen Stange „einschießen".

Beide Öffnungen des Backofens gut verschließen: In den Abzug des Backofens einen feuchten Lappen stopfen und vor das Backloch das Backblech lehnen und mit einem Stein fest verschließen. Das Brot eine gute Stunde im Backofen lassen.

Brotbacken zu Urgroßmutters Zeiten

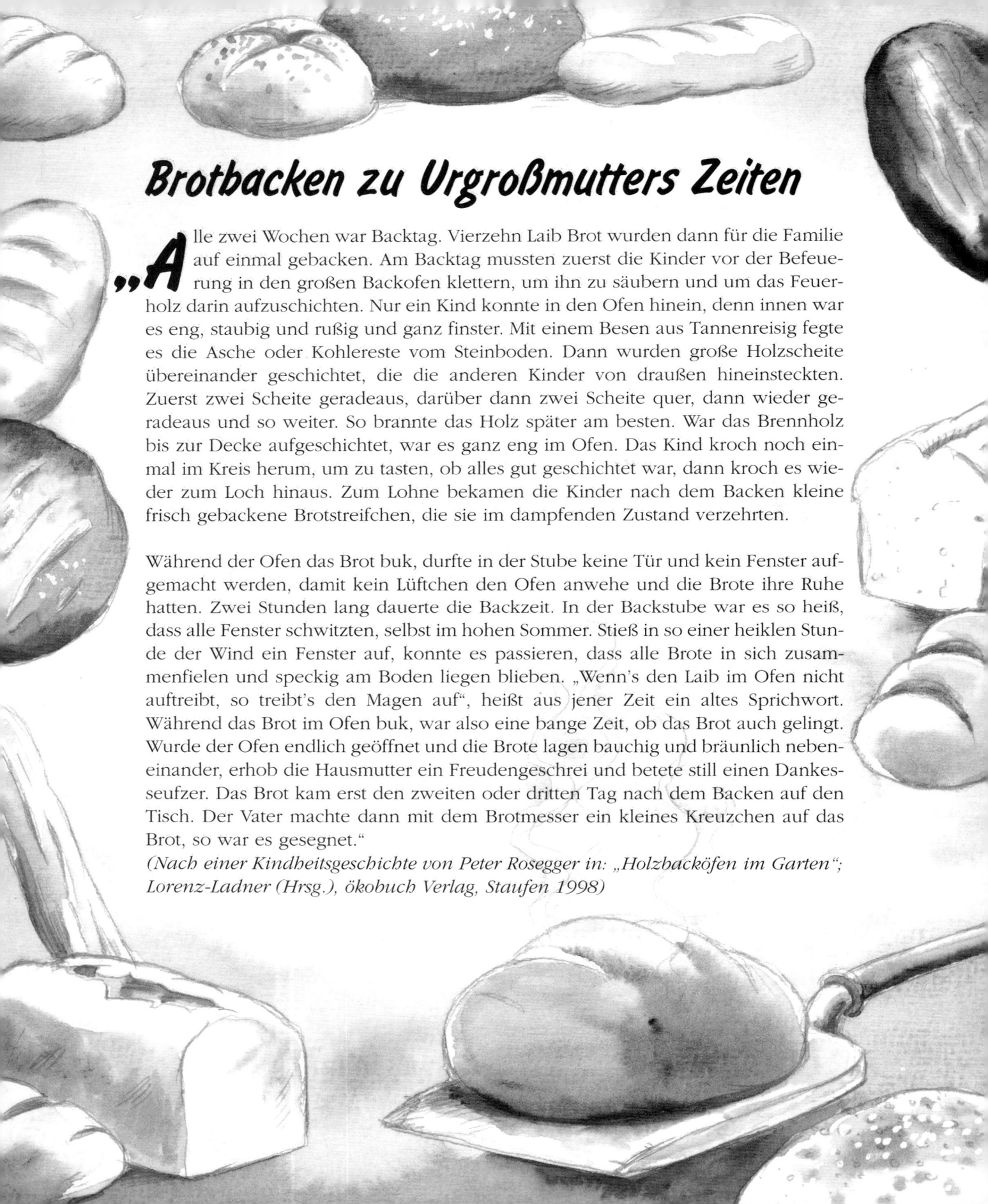

„Alle zwei Wochen war Backtag. Vierzehn Laib Brot wurden dann für die Familie auf einmal gebacken. Am Backtag mussten zuerst die Kinder vor der Befeuerung in den großen Backofen klettern, um ihn zu säubern und um das Feuerholz darin aufzuschichten. Nur ein Kind konnte in den Ofen hinein, denn innen war es eng, staubig und rußig und ganz finster. Mit einem Besen aus Tannenreisig fegte es die Asche oder Kohlereste vom Steinboden. Dann wurden große Holzscheite übereinander geschichtet, die die anderen Kinder von draußen hineinsteckten. Zuerst zwei Scheite geradeaus, darüber dann zwei Scheite quer, dann wieder geradeaus und so weiter. So brannte das Holz später am besten. War das Brennholz bis zur Decke aufgeschichtet, war es ganz eng im Ofen. Das Kind kroch noch einmal im Kreis herum, um zu tasten, ob alles gut geschichtet war, dann kroch es wieder zum Loch hinaus. Zum Lohne bekamen die Kinder nach dem Backen kleine frisch gebackene Brotstreifchen, die sie im dampfenden Zustand verzehrten.

Während der Ofen das Brot buk, durfte in der Stube keine Tür und kein Fenster aufgemacht werden, damit kein Lüftchen den Ofen anwehe und die Brote ihre Ruhe hatten. Zwei Stunden lang dauerte die Backzeit. In der Backstube war es so heiß, dass alle Fenster schwitzten, selbst im hohen Sommer. Stieß in so einer heiklen Stunde der Wind ein Fenster auf, konnte es passieren, dass alle Brote in sich zusammenfielen und speckig am Boden liegen blieben. „Wenn's den Laib im Ofen nicht auftreibt, so treibt's den Magen auf", heißt aus jener Zeit ein altes Sprichwort. Während das Brot im Ofen buk, war also eine bange Zeit, ob das Brot auch gelingt. Wurde der Ofen endlich geöffnet und die Brote lagen bauchig und bräunlich nebeneinander, erhob die Hausmutter ein Freudengeschrei und betete still einen Dankesseufzer. Das Brot kam erst den zweiten oder dritten Tag nach dem Backen auf den Tisch. Der Vater machte dann mit dem Brotmesser ein kleines Kreuzchen auf das Brot, so war es gesegnet."

(Nach einer Kindheitsgeschichte von Peter Rosegger in: „Holzbacköfen im Garten"; Lorenz-Ladner (Hrsg.), ökobuch Verlag, Staufen 1998)

Töpfern im Lehmofen

Bereits vor viertausend Jahren verstanden unsere Vorfahren zu töpfern, das beweisen Fundstücke auf Kreta. Aus Ton und Wasser entsteht mit Hilfe des Feuers Keramik.

Zwar gibt es heute elektrisch betriebene Töpferscheiben, aber viele Töpfer arbeiten lieber mit einer mechanischen Scheibe mit Tretrad.

Der Töpfer wirft einen Klumpen Ton in die Mitte der Töpferscheibe, spritzt einige Tropfen Wasser auf den Ton, bringt die Töpferscheibe zum Drehen und hält die Hände gewölbt über den Klumpen Ton. Durch Hochziehen oder Herunterdrücken des Tones formt er Gefäße und brennt sie im Brennofen bei ca. 1.000 °C. Mit verschiedenen Emaillefarben werden sie glasiert und nochmals bei ca. 1.400 °C gebrannt.

Im Lehmofen lässt sich einfaches Tongut herstellen. Zwar erreicht dieser kurzfristig höchstens eine Temperatur von 600 °C, dies reicht aber für kleine Gegenstände völlig aus.

Für erste Versuche den Lehm verwenden, der vom Ofenbau noch übrig ist; die geformten Gegenstände dürfen nicht zu dickwandig sein.

Material: Töpferware (s. S. 68), Streichhölzer, Feuerholz, Glutzangen, Backblech, großer Stein, feuchter Lappen, evtl. Dekofarbe und Klarlack
Alter: ab 4 Jahren (unter Anleitung)

Die Töpferware etwa eine Woche austrocknen lassen.

Den Lehmofen eine Stunde optimal einheizen (mit Eichen- oder Buchenholz erreicht der Ofen Temperaturen bis 600 °C). Die Töpferware während des Aufheizens bereits vor den Backofen legen, damit sie langsam erhitzt wird. Gebrannt wird in der Glut: Dazu die einzelnen Teile vorsichtig mit einer Glutzange in die Glut legen. Anschließend das Ofenloch mit dem Backblech verschließen und mit einem großen Stein vor dem Umfallen sichern.

Erst wenn die Glut erloschen ist, auch die Kaminöffnung mit einem feuchten Tuch verschließen.

Die Töpferware über Nacht im Ofen lassen, damit sie langsam auskühlt.

Da zum Glasieren eine Temperatur von 1.400 °C nötig ist, die nur ein echter Töpferofen erreicht, das gebrannte Tongut einfach mit Dekofarbe nach Belieben bemalen. Zur Haltbarmachung das getrocknete Tongut mit Klarlack überziehen.

Hinweis: Wer keinen Lehmofen hat, braucht auf das Töpfern nicht zu verzichten: Einfach im Handel angebotene Modelliermasse verwenden, die sich im normalen Backofen brennen lässt.

Tonmurmeln und Perlen

Murmeln gab es schon 3.500 Jahre vor unserer Zeitrechnung bei den Ägyptern.

Material: Ton, Wasser, Brettchen, Stricknadel
Alter: ab 3 Jahren

Die Hände etwas mit Wasser befeuchten. Vom Tonklumpen kleine Stücke abnehmen und in den Händen und auf einem Brettchen zu Murmeln formen.
Für Perlen aus den Murmeln mit dem Zeigefinger kleine Walzen formen. Mit der Stricknadel in jede Walze ein Loch bohren.
Hierdurch nach dem Brennen eine Schnur oder ein Bändchen ziehen.

Sonnenscheibe

Material: Ton, Wasser, stumpfes Messer, Wellholz, Brettchen, alte Schere, Stricknadel
Alter: ab 5 Jahren

Vom Tonstück mit dem Messer ein handtellergroßes Stück abschneiden.
Die Hände mit etwas Wasser befeuchten.
Den Ton zunächst zu einer Kugel formen und mit dem Wellholz auf dem Brettchen zur Scheibe ausrollen. (Achtung: Wenn der Ton zu nass ist, bleibt er am Wellholz kleben!)
Mit der Schere ringsherum flache Dreiecke als Sonnenstrahlen einschneiden. (s. Abb.)
Mit der Stricknadel ein Sonnengesicht „malen"; wenn das Gesicht nicht auf Anhieb gefällt, mit dem Zeigefinger und etwas Wasser das Gemalte „ausradieren" und neu malen.
In jeden Sonnenstrahl mit der Stricknadel eine kleine Flamme ritzen.

Namensschildchen

Material: Ton, Wasser, Brettchen, Wellholz, Stricknadel
Alter: ab 6 Jahren

Die Hände mit Wasser befeuchten. Vom Ton handtellergroße Stücke abnehmen. Zu einer Kugel formen und nur in Längsrichtung auswellen, so entsteht ein Oval.
Mit einer Stricknadel den Namen einritzen und eventuell am Rand mit Wellen oder Punkten verzieren.
Auf diese Weise können auch Schildchen für den Kräutergarten entstehen:
Dazu mit der Stricknadel in der Mitte des unteren Randes einen kleinen Gang bohren und nach dem Brennen einen Stecken hineinschieben. Das Schildchen nach dem Einsäen ins Kräuterbeet stecken.

Der Feldbrand

Naturvölker betreiben die Töpferei ohne Töpfer-scheibe und ohne Brennofen.
Beim Feldbrand wird die Töpferware durch vier Feuerstellen langsam erwärmt, damit das Getöpferte keine Risse bekommt. Nach und nach werden die vier Feuerstellen näher zu-sammengeschoben und die Töpferware zum Schluss in der so entstandenen großen Feuer-stelle gebrannt.

Material: lederharte Töpferware, viel Holz, Spaten, 1 Sack Sägemehl, Glutzangen, Eimer mit Wasser
Dauer: ein Tag
Alter: ab 4 Jahren (unter Anleitung)

Gemeinsam einen Feuerplatz aussuchen; am besten eignet sich eine schon benutzte Feuer-stelle. Die Töpferware in die Mitte der Feuer-stelle legen.

Die Kinder sammeln Holz für das Feuer. Dann teilen sie sich in vier Gruppen. Jede Gruppe entfacht ein kleines Lagerfeuer im Abstand von 2 m um die Töpferware herum (s. S. 38), so dass die vier Lagerfeuer nach den vier Him-melsrichtungen ausgerichtet sind.
Jede Gruppe ist dafür verantwortlich, dass ihr Feuer nicht ausgeht.
Durch die so entstehende Hitze erhitzt sich die Töpferware von allen Seiten langsam und gleichmäßig.
Ein Erwachsener schiebt mit dem Spaten die Glut der vier Feuer nach und nach näher in die Mitte des Kreises.
Nach etwa zwei bis drei Stunden berühren sich die vier Feuer in der Mitte der großen Feuer-stelle bei der Töpferware. Nun entsteht die größte Gluthitze.
Die Töpferware mit Sägemehl abdecken und verschwelen lassen.
Ist die Glut verglimmt, die Töpferware mit Glutzangen ausräumen (mehrere Erwachsene) und in Wasser ablöschen. Die so gelöschte Töpferware nach dem Erkalten aus dem Wasser fischen und zum Trocknen legen.

Gustav der Schmied

Text: S. Steffe
Musik: W. Bender

Ich sing euch das Lied vom Gustav, dem Schmied.
und da- mit ihr es wisst, der Gus-tav bin ich.
Ich bin groß wie ein Rie-se und stark wie ein Bär,
braucht ein Pferd neu-e Ei-sen,
bringt's gleich zu mir her. Mit dem Ham-mer: tock, tock,
tock, auf dem Am-boss: pock, pock, pock. Ist das Ei-sen rich-tig
heiß, glü-hend rot und but-ter-weich, lässt es sich ver-
bie- gen und von Gus-tav schmie-den.

Ich sing euch das Lied vom Gustav, dem Schmied
Und damit ihr es wisst, der Gustav bin ich
Ich schüre das Feuer, ja das kann ich gut
Und halte das Eisen. in die feurige Glut
Mit dem Hammer tock, tock, tock...

Ich sing euch das Lied vom Gustav, dem Schmied
Und damit ihr es wisst, der Gustav bin ich
Hoho liebes Pferdchen, zeig her deine Schuh
Passen dir die Eisen, lass ich dich in Ruh
Mit dem Hammer tock, tock, tock...

Ich sing euch das Lied vom Gustav, dem Schmied
Und damit ihr es wisst, der Gustav bin ich
Ich hab noch viel Arbeit, doch das macht mir nichts aus
Denn der nächste Kunde wartet vor meinem Haus
Mit dem Hammer tock, tock, tock...

Schmieden auf der Feldschmiede

Die Griechen und Römer benutzten geschmiedete Waffen aus Bronze, später aus Eisen. Die ältesten erhaltenen Schmiedearbeiten des Mittelalters stammen aus dem 11. und 12. Jahrhundert. Aus Eisen wurden mit Hilfe des Feuers Gitter und Türbeschläge, Leuchter, Truhenbeschläge und Türklopfer, Waffen, Hufeisen, Sensenblätter und Handwerkszeug geformt. Bis ins 19. Jahrhundert galt der Schmied als der wichtigste Mann im Dorf.

Heutzutage kann man am ehesten einem Hufschmied bei der Arbeit auf einem Reiterhof zusehen. Er arbeitet auf der Feldschmiede. Die Feldschmiede funktioniert nach einem ganz einfachen Prinzip: Mit einem Fußpedal wird ein Ventilator mechanisch betrieben, der dem Feuer genügend Luft zuführt, damit es eine große Hitze erlangt. 800–900 °C sind nötig, damit das Eisen rot glüht.

Die Kinder können unter Anleitung an einer Feldschmiede auch selbst schmieden. Die erwachsenen Betreuer sollten zuvor aber schon selbst das Schmieden an der Feldschmiede ausprobiert haben. (Entsprechende Veranstaltungen für Kinder und Fortbildungen für Betreuer sind im Spielhaus Richter'sche Villa möglich, Adresse im Anhang.)

Material: Schutzbrille, Arbeitshandschuhe, Schürze, alte Feldschmiede (mit etwas Glück findet sich eine auf dem Land, ansonsten in der Schlosserei oder bei einem Reiterhof nachfragen), Steinkohlenkoks (entgast), Grillanzünder, Schmiedezange, für jedes Kind einen Eisenrohling (Baustoffhandlung), Amboss, normaler Hammer, Wassereimer, kaltes Wasser

Alter: ab 6 Jahren (mit Hilfe von Erwachsenen)

Immer vier Kinder können gleichzeitig an der Feldschmiede arbeiten. Sie werden dabei von zwei Erwachsenen angeleitet.

Alle Beteiligten ziehen Schürzen, Arbeitshandschuhe und Schutzbrillen an.

In der Schmiedepfanne der Feldschmiede ein Feuer entfachen (mit Holz oder mit Feueranzündern den Steinkohlenkoks entzünden).

Die Kinder betätigen nacheinander das Fußpedal, so wird dem Feuer Luft zugeführt. Glüht die Kohle hell auf, kann das erste Kind mit einer Schmiedezange seinen Eisenrohling in die Glut legen. Ist der Eisenrohling 1 m lang, braucht keine Zange verwendet zu werden, es genügt dann zum Schutz ein einfacher Arbeitshandschuh.

Glüht der Eisenrohling, diesen aus dem Feuer ziehen und auf den Amboss legen. Ein Erwachsener assistiert dabei, damit sich kein Kind verbrennt. Das glühende Eisen kann vom Kind selbst durch Schläge mit dem Hammer bearbeitet werden. Glüht das Eisen nicht mehr, zurücklegen in die Glut. Die Kinder wechseln sich beim Betätigen des Fußpedals und beim Arbeiten mit Hammer und Amboss immer wieder ab. Glüht der Eisenrohling an der Spitze wieder, kann er weiter bearbeitet werden, ist er fertig bearbeitet, wird er in kaltem Wasser abgelöscht.

Auf diese Weise entsteht meist ein kleiner Schürhaken, der die Form eines Spazierstockes hat. Dieser Haken wird von den Kindern gerne als „Trophäe" mit nach Hause genommen. Er eignet sich auch gut als Schürhaken für den Lehmofen.

Zinn gießen

Zinn wird – wie alle Metalle – mit Hilfe des Feuers gewonnen. Es schmilzt bereits bei 232 °C. Zinn dient vorwiegend für die Herstellung von Weißblechdosen. Antike Schriftsteller berichten über die Verwendung von Zinn zu Gerätschaften. Da Zinn aber leicht verwittert, sind aus dem Altertum nur wenige Funde bekannt.

Die Zinnfiguren, kleine aus Zinn gegossene Spielfiguren, wurden früher besonders in der Gegend um Nürnberg hergestellt.

Material: Elektrokocher, Pfännchen, Gießform, Zinn, Talkum, Metallfeile (alles erhältlich in guten Bastelgeschäften)

Alter: ab 6 Jahren (mit Hilfe von Erwachsenen)

Das Zinn in einem Pfännchen auf dem Elektrokocher verflüssigen. Etwas Talkum in die Gießform geben und das flüssige Zinn langsam und mit ruhiger Hand in die geschlossene Form gießen, sodass dabei keine Luftbläschen entstehen. Je wärmer die Form ist, umso besser läuft das Zinn in die Form.

⚠️ **Wichtig:** Das Zinn darf nicht nass sein, sonst gibt es beim Einfüllen Spritzer und das tut weh!

Die geschlossene Form 2 – 3 Minuten ruhen lassen. Die Form öffnen und das gegossene Zinnfigürchen entnehmen. Mit der Feile die Kanten „entgraten", also glatt schleifen.

Besuch einer Glasbläserei

Vor ungefähr 6.000 Jahren erfanden ägyptische Töpfer das Glas. Glas war zu dieser Zeit sehr wertvoll. Es wurden Perlen daraus gemacht und kostbare Fläschchen.

Glas besteht aus Quarzsand, Kalk und Soda. Es schmilzt im Ofen bei 1.500 Grad und ist nach dem Erkalten hart und durchsichtig. Der Glasbläser muss das Glas aber in noch weichem Zustand verarbeiten. Es lässt sich dann wie ein Ballon aufblasen.

Gläser werden heute in Fabriken gegossen oder gepresst. Es gibt aber immer noch sehr wertvolle mundgeblasene Gläser.

Da diese Handwerkskunst nicht von Laien nachvollzogen werden kann, empfiehlt sich ein Besuch in einer Glasbläserei. Diese bieten spezielle Veranstaltungen für Gruppen und Schulklassen an.

Die Nutzung des Lichtes

Das Kerzenlicht

Vor der Zähmung des Feuers gab es als irdische Beleuchtung nur die Sonne und den Mond und ab und an bei einem tüchtigen Unwetter für den Bruchteil einer Sekunde einen Blitz, der die Nacht erhellte.

Erste von Menschen erdachte Lichtquellen waren ausgehöhlte Steine, in denen Fett an einem Docht verbrannte. Solche Lampen wurden in Höhlen gefunden, die ca. 15.000 Jahre alt sind. Aus ihnen entstanden die Öllampen, die die Griechen und Römer sowie die Menschen des Mittelalters benutzten.

Seit Christi Geburt kannten die Römer auch die Herstellung von gezogenen Kerzen. Die Kerzen waren sehr teuer, weil die Herstellung sehr zeitaufwendig ist. Seit dem 15. Jahrhundert werden Kerzen auch gegossen.

Erst im 20. Jahrhundert verließ das Feuer als Lichtquelle das Haus des Menschen, denn der elektrische Strom triumphierte über die Lichtflamme.

Zur Herstellung von Kerzen

Bei der Frage, aus was und wie Kerzen hergestellt werden, gibt uns auf anschauliche Weise Michael Faraday Auskunft. Faraday, englischer Physiker und Chemiker, Sohn eines Schmiedes, lebte 1791 bis 1867. Die größten Entdeckungen machte er auf dem Gebiet der Elektrizitätslehre. Alle seine Arbeiten zeichnen sich durch eine große Nähe zu den Naturphänomenen aus. Seine Vorlesung für die Jugend zur „Naturgeschichte einer Kerze" vom Dezember 1860 ist bis heute im Wortlaut erhalten.

Fühlen wir uns also zurückversetzt in jene Wintertage von 1860 und lauschen wir an der Tür des Vorlesungssaales dem großen Naturforscher:

„Zuerst muss ich Euch, meine lieben Knaben und Mädchen, wohl erzählen, woraus Kerzen verfertigt werden. Da lernen wir dann ganz sonderbare Dinge kennen. Hier habe ich etwas Holz, Baumzweige, deren leichte Brennbarkeit Euch ja bekannt ist – und hier seht Ihr ein Stückchen von einem sehr merkwürdigen Stoffe, der in einigen Moorsümpfen Irlands gefunden wird, so genanntes „Kerzenholz"; es ist dies ein vorzüglich hartes, festes Holz, als Rußholz vortrefflich verwendbar, da es sich sehr dauerhaft zeigt, bei alledem aber so leicht brennend, dass man an seinen Fundorten Späne und Fackeln herausschneidet, die wie Kerzen brennen und wirklich ausgezeichnetes Licht geben, so dass wir hierin die natürliche Kerze, eigentlich eine Naturkerze vor uns sehen.

Wir haben hier indes besonders von Kerzen zu sprechen, wie sie im Handel vorkommen. Hier sind zunächst etliche so genannte gezogene Lichte. Dieselben werden auf folgende Weise verfertigt: Baumwollene Schnüre werden mit einer Schlinge an einem Stab aufgehängt, in geschmolzenen Talg eingetaucht und dieses Verfahren so lange fortgesetzt, bis eine genügende Menge Talg rings um den baumwollenen Docht hängen geblieben ist, und so die Kerze die gewünschte Dicke erhalten hat. (...)

Hier zunächst ist Nierenfett, Rindertalg, ich glaube russischer Talg, aus dem die gezogenen Lichte gemacht werden. (...) Das Verfahren ist Folgendes: Der Talg wird zuerst mit gelöschtem Kalk gekocht, wodurch eine Art Seife gebildet wird; diese Seife wird dann durch Schwefelsäure zersetzt, welche den Kalk fortnimmt und das veränderte Fett als Stearinsäure zurücklässt. Zugleich wird etwas Glycerin, eine siruparteige Flüssigkeit, gebildet. Durch Auspressen wird sodann alles Ölige entfernt, und Ihr seht hier einige Presskuchen, an denen sich zeigt, dass die Unreinigkeiten je nach der Stärke des Druckes allmählich mehr und mehr entfernt werden; die zurückgebliebene Masse wird nun geschmolzen und zu Kerzen gegossen, wie sie hier vor uns liegen. Die Kerze, welche ich hier in der Hand habe, ist eine auf dem beschriebenen Wege hergestellte Stearin-Kerze. (...) Ferner seht Ihr hier gelbes und weißes Wachs, woraus Kerzen gemacht werden; hier eine merkwürdige Substanz, dass aus irischen Sümpfen gewonnene Paraffin, so wie einige Paraffinkerzen. (...) Wie werden nun diese Kerzen verfertigt? Soeben habe ich Euch von gezogenen Lichten erzählt und will Euch nun auch sagen, wie die gegossenen gemacht werden. (...) Hier ist ein Rahmen mit einigen Gießformen, in die zunächst der Docht eingeführt wird. Hier habe ich einen geflochtenen Docht, der nicht geputzt zu werden braucht, an einem kleinen Draht hängen; er reicht bis unten hinab, wo er angepflöckt wird, so dass das Pflöckchen ihn zugleich straff hält und die untere Öffnung völlig schließt, damit nichts Flüssiges hindurch kann. Oben hat die Form einen Quersteg, der den Docht in der Mitte gespannt hält. Nun werden die Formen mit der geschmolzenen Talgmasse voll gegossen. Nach dem Erkalten der Formen wird der oben überstehende Talg glatt abgeputzt und die Enden des Dochtes abgeschnitten, so dass jetzt nur die Kerzen in den Formen bleiben, und um sie heraus zu bekommen, braucht man diese nur umzudrehen, wie ich's hier thue. (...) Ganz ebenso werden auch die Stearin- und Paraffinkerzen gemacht."
(aus: Michael Faraday, Naturgeschichte einer Kerze, Herausgeber Peter Buck, Verlag Franzbecker, Hildesheim, 2. Aufl. 1980)

Bienenwachskerzen ziehen

Material: Bienenwachs (Imker oder Bastelgeschäft), Docht (Bastelgeschäft), Haushaltskerzen, einen hohen Kochtopf, Herd, Tisch, feuerfeste Unterlage, Haushaltsrolle
Alter: ab 4 Jahren

Bienenwachs ist teuer, deshalb ¼ Bienenwachs mit ¾ Paraffin (Haushaltskerzen) mischen.
Der Docht der Haushaltskerzen kann für das Kerzenziehen gleich weiterverwendet werden.

- Die Haushaltskerzen brechen und zerbröckeln und mit dem Bienenwachs in den Topf geben.
- Diesen auf den Herd stellen und auf kleiner Flamme das Wachs verflüssigen.
- Ist das Wachs geschmolzen, den Topf mit flüssigem Wachs auf eine feuerfeste Unterlage in die Mitte des Tisches stellen.

Alle Kinder stehen rund um den Tisch. Sie nehmen sich jeweils einen Docht, an den sie an einem Ende einen Knoten binden.
Den Docht in das Wachs tauchen und wieder nach oben ziehen.
Das Wachs am Faden trocknen lassen und wieder eintauchen.
Ist die Kerze nach mehrmaligem Eintauchen dick genug, wird sie zum Trocknen auf das Haushaltspapier gelegt.
Die Prozedur dauert eine Weile (etwa 20 Minuten), die Kinder sind aber so begeistert von ihrer wachsenden Kerze, dass sie die Geduld gerne aufbringen.
Sollte das Wachs im Topf erkaltet sein, stellt ein Erwachsener den Topf wieder kurz auf den Herd.

Kerzen gießen

Material: Docht, großer Knopf, kleine Blumentöpfe aus Ton, Klebeband, Schaschlikstäbe, Kerzenreste, einen alten Kochtopf, evtl. Porzellanteller
Alter: ab 4 Jahren (mit Hilfe von Erwachsenen)

Den Docht zuerst durch den Knopf fädeln und verknoten.
Das andere Ende des Dochtes von unten durch das Bodenloch des Blumentopfes fädeln, so dass der Knopf diese Öffnung verschließt. Sicherheitshalber ein Stück Klebeband drüberkleben.
Den Docht im Blumentopf stramm ziehen und um einen Schaschlikstab wickeln, so dass er gespannt bleibt.
Das Wachs der Kerzenreste im Kochtopf erhitzen und zum Schmelzen bringen.
Nun behutsam in den Blumentopf gießen und erkalten lassen.
Die Kerzen können im Tontopf bleiben oder aber „gestürzt" werden – dann zum Anbrennen auf einen Porzellanteller als Kerzenständer stellen.

Geburtstagskerze

Material: dicke Haushaltskerze, gepresste Blumen (Vergissmeinnicht, Gänseblümchen, Butterblümchen...) und Gräser, Klebstoff, weiße Kerzenreste, Topf, feuerfeste Unterlage, Unterteller
Alter: ab 4 Jahren

Auf Wald und Wiese kleine Blümchen sammeln. Diese etwa 3 Wochen in dicken Büchern oder einer Blumenpresse pressen, bis sie ganz trocken und glatt sind.
Mit viel Geduld die Blumen als Kranz, Blumenstrauß oder Miniwiese auf die Kerze kleben.
Achtung: Keinen Klebstoff auf die Blüten bringen, da er den Blumen den Farbstoff entzieht!
Ist die Kerze fertig gestaltet, das Wachs der weißen Kerzenreste im Topf auf dem Herd erhitzen. Das flüssige Wachs vom Herd nehmen und auf eine feuerfeste Unterlage auf dem Tisch stellen. Die gestaltete Kerze am Docht festhalten und Kerze mit gepressten Blumen und Gräsern kurz in das Wachsbad tauchen. Zum Trocknen auf einen Unterteller stellen.

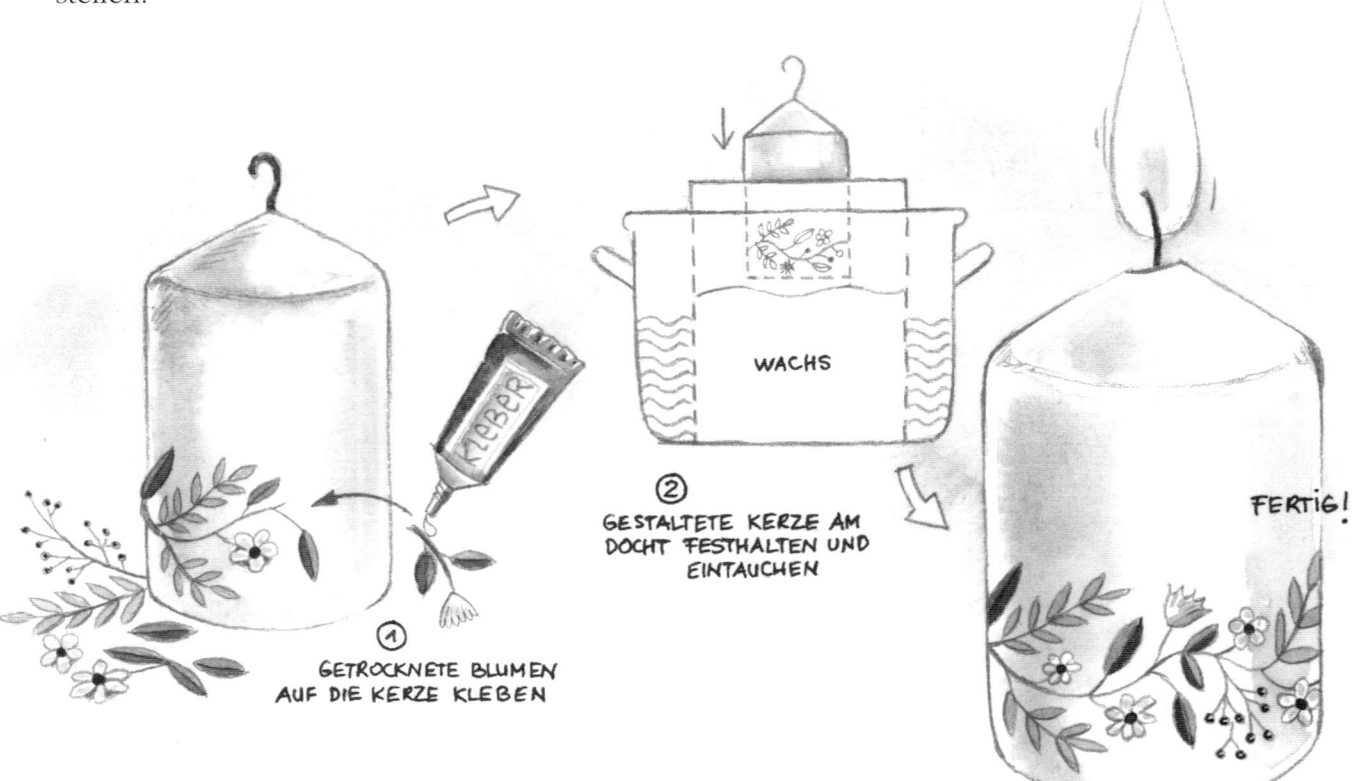

① GETROCKNETE BLUMEN AUF DIE KERZE KLEBEN

WACHS

② GESTALTETE KERZE AM DOCHT FESTHALTEN UND EINTAUCHEN

FERTIG!

Fackeln

Die handelsüblichen Gartenfackeln sind meist mit grobem Gewebe umhüllt, das in Wachs oder Teer getränkt ist. Die ersten natürlichen Fackeln waren Holzscheite, die – ins Feuer gehalten – zu brennen begannen.

Im Altertum hatte die Fackel neben ihrer Verwendung zu Leuchtzwecken kultische Bedeutung. Auch im frühen Mittelalter bildete die Fackel noch das Haupt-Beleuchtungsmittel. Im späteren Mittelalter wurden Kienspanfackeln nur noch als Erhellung für den Burghof verwendet.

Eine Besonderheit ist das olympische Feuer: Es wird mit einer Fackel von einem Veranstaltungsland zum nächsten getragen und dort wieder feierlich entzündet.

Kienspanfackel

Je mehr Harz in einem Holzscheit ist, umso besser brennt er. Nadelbäume haben einen höheren Harzgehalt als Laubbäume. Verletzt sich ein Baum während der langen Jahre seines Wachstums, fängt er an dieser Stelle an zu „bluten", es kommt zu einer höheren Ansammlung von Harz. Im Holz verarbeitenden Handwerk sind diese besonders harzhaltigen Stellen nicht beliebt, darum gelten sie in Sägewerken als Abfall. Das harzhaltige Holz, auch Kienspan genannt, ist aber als natürlicher Feueranzünder und als Fackelholz sehr nützlich.

Material: Hartholzprügel, ca. 60 cm lang (im Wald gesammelte Buchen- oder Eichenholzprügel), Beil, Hackklotz, Kienspan (Nadelhölzer mit hohem Harzgehalt aus dem Sägewerk)
Alter: ab 10 Jahren

Den Hartholzprügel auf dem Hackklotz mit dem Beil an einer Seite vielmals spalten, so dass viele kleine Ritze entstehen.

Den Kienspan in dünne, ca. 30 cm lange Streifen spalten und diese Streifen in die Ritzen des Holzprügels stecken. Schon kann die Fackel entzündet werden.

 Achtung: Herstellung nur von Erwachsenen – Verwendung nur im Freien!

Fackeln schwingen

Material: Fackeln (selbst gemacht oder gekauft), Blecheimer mit Sand zum Löschen
Alter: ab 10 Jahren

Das Fackelschwingen ist eine artistische Feuerkunst. Ganz so kunstvoll und schnell können Laien die Fackel zwar nicht herumwirbeln, aber wenn wir im Dunkeln auf einer Lichtung die Fackeln einfach in Kreisen, Wellen oder in Achtern durch die Luft bewegen, entstehen für den Betrachter schöne Muster und Formen.

Zum Schwingen viel Raum nehmen – Sicherheitsabstand von 3 m zu anderen beachten!

Nicht in der Nähe von brennenden Gegenständen „herumfackeln".

Keine leicht brennbaren Kleider aus Kunstfasern tragen!

Der Feuerfackel-Alchemist

⊙ 17
Text: H. E. Höfele
Musik: G. Geisinger

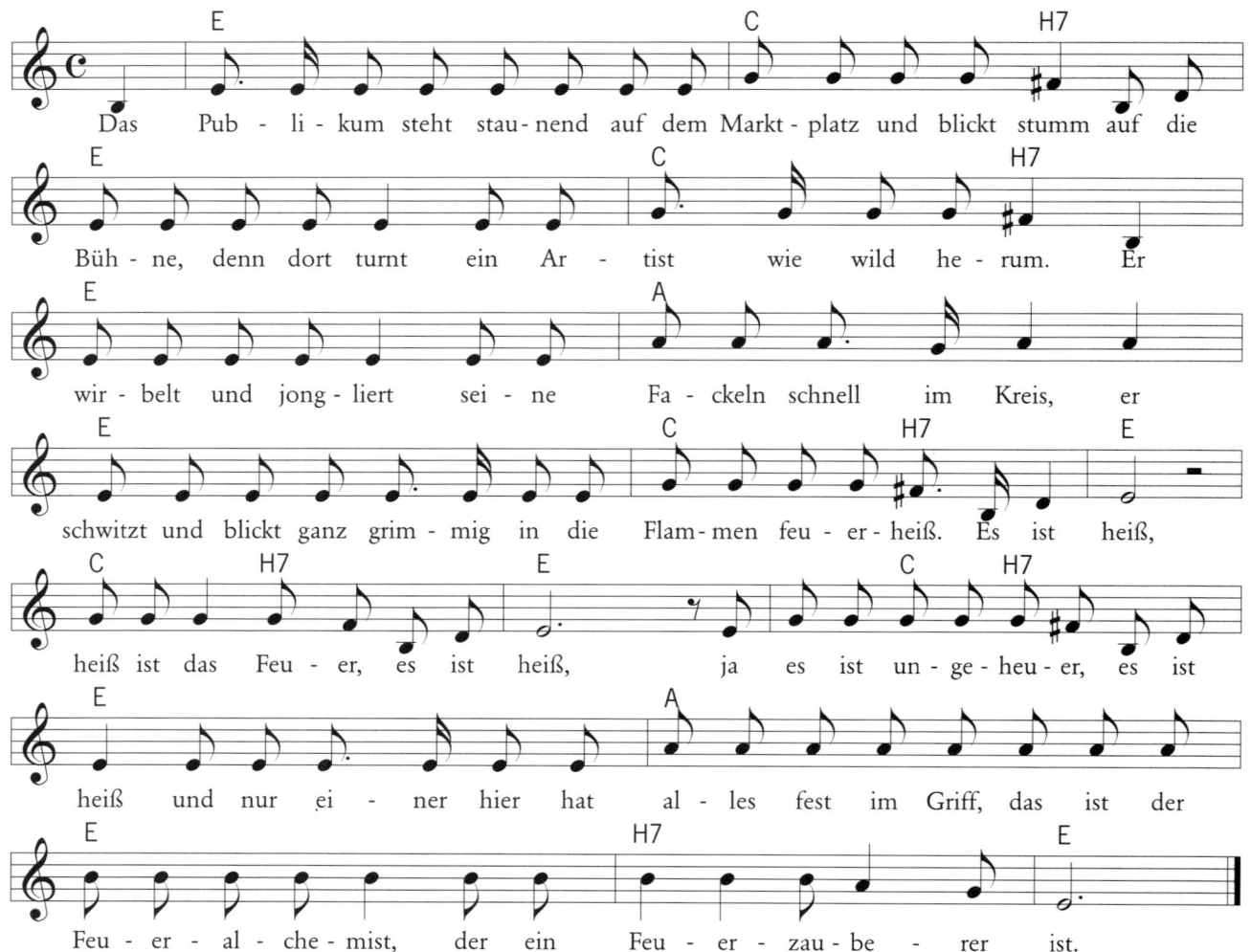

Das Pub-li-kum steht stau-nend auf dem Markt-platz und blickt stumm auf die Büh-ne, denn dort turnt ein Ar-tist wie wild he-rum. Er wir-belt und jong-liert sei-ne Fa-ckeln schnell im Kreis, er schwitzt und blickt ganz grim-mig in die Flam-men feu-er-heiß. Es ist heiß, heiß ist das Feu-er, es ist heiß, ja es ist un-ge-heu-er, es ist heiß und nur ei-ner hier hat al-les fest im Griff, das ist der Feu-er-al-che-mist, der ein Feu-er-zau-be-rer ist.

2. Ein greller Blitz verkündet eine weitere Sensation
Ein richtiges Spektakel, eine Riesenattraktion
Er spuckt auf einmal Feuer ohne sich zu verbrennen
Dieser Mann scheint wirklich keine Angst zu kennen

Refrain: Es ist heiß...

3. Zum Ende seiner Show wird ein Feuerrad montiert
Da springt ein kleines Kätzchen durch, das ist darauf dressiert
Die Menge klatscht wie wild und alle trampeln mit dem Fuß
Der Vorhang fällt, wie schade, denn jetzt ist wirklich Schluss

Refrain: Es ist heiß...

Fackeltanz

Fackeltänze bildeten im Mittelalter den Abschluss von Turnieren und Hochzeitsfesten.

Musik: Der Feuerfackel-Alchemist (⊙ 17), mittelalterliche Musik oder Trommeln
Material: Fackeln (selbst gemacht oder gekauft), Blecheimer mit Sand zum Löschen
Alter: ab 10 Jahren

Getanzt wird auf großer Fläche im Freien (ein Burghof wäre besonders schön). Die FackelträgerInnen proben mit nicht entzündeten Fackeln, bis sie den Tanz und die Bewegungen beherrschen!

⚠ Beim Tanzen mit den Fackeln immer einen Sicherheitsabstand wahren und darauf achten, die Fackeln gerade zu halten.

1. Die FackelträgerInnen laufen hintereinander 2 x 8 Schritte auf ihren Tanzplatz
2. Sie bilden mit 8 Schritten einen Kreis, so dass die linke Hand in die Kreismitte zeigt, die rechte Hand ausgestreckt die Fackel hält.
3. 2 x 8 Schritte im Kreis gehen – Vorsicht: Die anderen nicht mit der Fackel berühren!
   Sich mit dem Rücken zur Kreismitte drehen und 8 Schritte nach außen laufen, so dass alle TänzerInnen einen Sicherheitsabstand von mindestens 2 m voneinander haben.

4. Die FackelträgerInnen bleiben stehen, drehen sich nach links zur Kreismitte.
   Mit dem ausgestreckten rechten Arm und aufrecht gehaltener Fackel zwei Kreise – nach hinten beginnend – beschreiben (2 x 8). Dann wechselt die Fackel zur linken Hand. Auch hier zwei Kreise beschreiben (2 x 8).
5. Die Fackel wechselt wieder in die rechte Hand und wird aufrecht vor der Körpermitte gehalten. Auf „vier" einen Kreis nach vorne zur Seite nach hinten und wieder zurück beschreiben. Vor dem Bauch die Fackel zur linken Hand wechseln. Nun beschreibt die linke Hand auf „vier" ebenso einen Kreis zur linken Seite. Drei Mal wiederholen.
6. 8 kleine Schritte zur Kreismitte laufen und die Fackel mit dem ausgestreckten Arm zur Kreismitte strecken, so dass sich die Fackeln in der Mitte wie bei einem Feuerrad berühren. So noch 2 x 8 Schritte im Kreis herum laufen.
7. Der Fackelträger, der den Tanz begonnen hat, führt die anderen in der Reihe nun wieder 2 x 8 Schritte aus dem Kreis heraus.

① hintereinander loufen

② Kreis bilden

linke Hond zur Mitte

③ 8 Schritte nach außen laufen

④ mindestens 2m Abstand halten

2m

großer Kreis

2m

2m

➔➔

Leuchttürme

Um Schiffen den Weg in den Hafen zu zeigen, entzündete man früher Leuchtfeuer auf Hügeln oder schwenkte Fackeln.

Leuchttürme sind bereits vor 2.000 Jahren gebaut worden. Die ersten Leuchttürme waren hohe Befestigungsanlagen, auf denen ein Holzfeuer brannte. Der Koloss von Rhodos und der Leuchtturm von Alexandria waren zwei der sieben Weltwunder der Antike.

Ein Leuchtturmwärter musste die ganze Nacht über das Feuer unterhalten. Dazu wurden große Mengen an Holz oder Kohle verbraucht. Später wurden große Öl- oder Gaslampen verwendet.

Oft wurden Leuchttürme nur im Winter eingesetzt, so waren sie im Sommer idealer Sammelpunkt für Piraten. Diese entzündeten Feuer, um Schiffer anzulocken und die Schiffe auszurauben.

Heute funktionieren alle Leuchttürme elektronisch. Der Lichtstrahl wird stark gebündelt und ist so kilometerweit zu sehen. Jeder Leuchtturm hat sein eigenes Signal, so dass die Seeleute daran ablesen können, wo sie sich befinden.

Leuchtturm als Kerzenhalter

Material: lufttrocknende Modelliermasse, Teelicht, rote, weiße und schwarze Plakafarbe
Alter: ab 5 Jahren

Aus der lufttrocknenden Modelliermasse eine 20 cm lange Walze drehen, die einen Durchmesser von ca. 5 cm hat.

Mit der linken Hand die Walze so auf dem Tisch hin und her rollen, dass sie sich am Ende zu einem Kegel verjüngt.

Das dicke Ende auf den Tisch stellen.

Ein Teelicht behutsam auf die Spitze des Kegels drücken. So entsteht der Halter für die Kerze.

Für die weitere Bearbeitung die Kerze des Teelichtes herausnehmen und den Halter mit einem gleichmäßigen Rand um die Teelichthülle ausformen, damit das Teelicht sicher darin stehen kann.

Nach dem Trocknen (das dauert etwa eine Woche) den Leuchtturm mit roter und weißer „Signalfarbe" in Streifen bemalen.

Den Halterrand schwarz bemalen. Mit Schwarz lassen sich auch Fensterchen und eine Tür aufmalen.

Nun die Kerze des Teelichtes wieder hineinsetzen und anzünden.

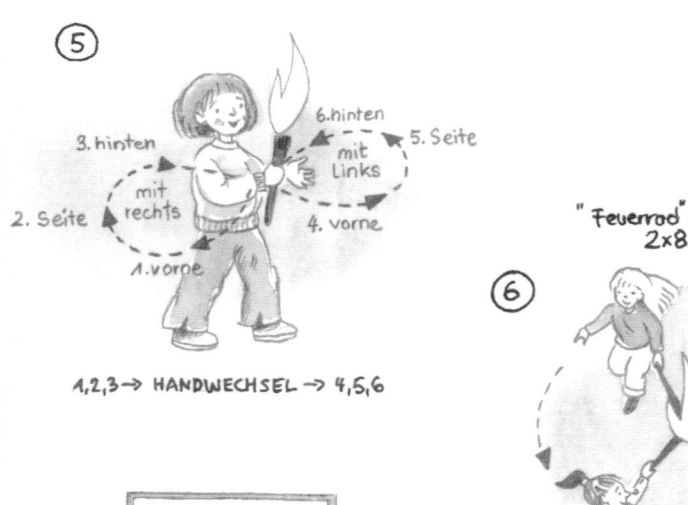

1,2,3 → HANDWECHSEL → 4,5,6

FORTSETZUNG "FACKELTANZ"

"Feuerrad" bilden und 2×8m im Kreis herumlaufen

zum Schluß in der Reihe aus dem Kreis herauslaufen

Die Nutzung der Energie

Lodert ein Feuer, entstehen Wärme und Licht. Beides entwickelt eine Kraft, die – vereinfacht ausgedrückt – andere Dinge in Bewegung setzen kann. Diese Kraft heißt Energie. Die Menschen machten sich nicht nur die Wärme und das Licht des Feuers, sondern auch die Energie des Feuers zunutze. Alle Maschinen werden mit der Energie des Feuers betrieben.

Als Erfinder der Dampfmaschine gilt James Watt. Er entwickelte in den Jahren 1763 bis 1776 Dampfmaschinen, die für verschiedenste Zwecke genutzt werden konnten. Mit der Erfindung der Dampfmaschine war das Industriezeitalter der Menschheit angebrochen.

Eine Dampfmaschine besteht aus einer Feuerstelle, einem Wasserkessel und einem beweglichen Kolben, der verschiedene Geräte antreiben kann. Das Feuer erhitzt das Wasser im Kessel, es entsteht Wasserdampf. Der Wasserdampf braucht viel mehr Platz als flüssiges Wasser. Im Kessel wird der Raum zu eng und der Dampf sucht nach Wegen hinaus: Er drückt den beweglichen Kolben weg. Dieser Kolben kann nun unterschiedliche Räder in Gang setzen. Die Energie des Feuers wird so in eine sichtbare „Bewegungsenergie" umgesetzt.

Die nächste Erfindung, die das Leben der Menschen nachhaltig veränderte, war die Erfindung der Glühbirne 1879 durch Thomas Alva Edison. In der Glühlampe glüht ein kleiner Draht, wenn elektrischer Strom hindurchgeleitet wird. Der elektrische Strom aber wird im Kraftwerk auch durch Feuer erzeugt. In großen Kesseln wird Kohle, Erdöl oder Gas verbrannt. Mit der Hitze wird Wasser zum Kochen gebracht. Wie in der Dampfmaschine entsteht Wasserdampf, der eine Turbine antreibt. Diese Turbinenräder treiben einen Generator an, der die Drehkraft der Turbinenräder in elektrischen Strom verwandelt. Der Strom wird in elektrischen Leitungen bis in unsere Häuser geleitet und hier brauchen wir nur noch auf den Lichtschalter zu drücken und schon brennt die Glühbirne. Der einfache Druck auf den Lichtschalter hat also immer noch mit der offenen Flamme zu tun, auch wenn wir diese im Haus nicht mehr sehen.

Die letzte große Erfindung war der Verbrennungsmotor, mit dem sich Autos fortbewegen. In jedem Auto ist ein Verbrennungsmotor eingebaut, der mit Benzin oder Diesel läuft. Das Benzin wird vom Tank in den Motor geleitet und im Vergaser mit Luft gemischt. Es kommt durch einen Funken zur Explosion. Hierbei entsteht ein Gas. Das Gas braucht, wie bei der Dampfmaschine der Wasserdampf, mehr Platz. Auch das Gas drückt einen Kolben weg, der diese Bewegung dann über verschiedene Wege an die Räder weitergibt: Das Auto fährt.

Das erste Auto bzw. Automobil („sich selbst bewegend") fuhr die Frau von Carl Benz, dem Erfinder des Benzinmotors, 1886 von Mannheim nach Pforzheim. Heute gibt es ca. 300 Millionen Autos auf der Welt. Zwar ist es herrlich, mit dem Auto überall hinfahren zu können, aber die Abgase der Motoren schaden Menschen, Tieren und Pflanzen der Erde.

Wo hat sich Feuer versteckt?

Material: großer heller Fotokarton, schwarzer und roter Filzstift
Alter: ab 4 Jahren

Die Spielleitung malt mit schwarzem Stift den Grundriss des Hauses (der Einrichtung) auf den Fotokarton. Die FeuersucherInnen machen sich auf den Weg durch das Haus und suchen alle Dinge, deren ursprüngliche Energie das Feuer ist (z.B. elektrischen Geräte, Glühbirnen, Steckdosen, Gasherd...) um herauszufinden, wo sich überall das Feuer versteckt hat.
In der Gruppe berichten sie von ihren Funden und die Spielleitung überträgt die Fundorte mit rotem Filzstift auf den Grundriss.

Eierdampfboot

Material: dünnes Holzbrettchen (10 x 20 cm), Laubsäge, Teelicht, vier Nägel (5 cm lang), Hammer, Ei, Nadel, Haushaltkerze, Streichhölzer, Waschbecken oder Wanne, Wasser
Alter: ab 6 Jahren

Aus dem Brettchen die Form eines Bootes aussägen. Das Teelicht in die Mitte des Bootes stellen und die vier Nägel in einem Viereck um das Teelicht nageln, so dass sie 4 cm über den Rand des Teelichtes ragen.
In das Ei mit der Nadel ein großes und ein sehr kleines Loch piksen und es ausblasen.

Das große Loch mit weichem Wachs (von einer Haushaltskerze) dicht verschließen.
Das Ei mit dem kleinen Loch nach oben unter einen Wasserstrahl halten und etwas mit Wasser befüllen. In das Waschbecken oder eine Wanne Wasser einlassen.
Das Ei mit dem „Auspuff" (Loch) nach hinten auf die Nägel setzen und das Dampfboot vorsichtig auf das Wasser setzen.
Das Teelicht entzünden.
Sobald das Wasser im Ei kocht, entweicht der Wasserdampf und das Boot fährt los.

Blechdampfboot

Das Blechdampfboot funktioniert nach dem gleichen Prinzip wie das „Eierdampfboot", ist aber für richtige „Maschinenkonstrukteure" kniffliger und spaßiger in der Herstellung und braucht unzählige Versuche, bis es dann das erste Mal „vom Stapel läuft".

Material: länglich-ovale Fischdose (Heringshappen), Blechschere, Teelicht, kleines verschließbares Blechdöschen (z. B. Portionsdöschen von Pullmoll), Handbohrer oder Hammer und Nagel, Plastiktrinkhalm mit Beugegelenk, Isolierband, Wasser, Waschbecken oder Wanne, Streichhölzer
Alter: ab 8 Jahren (mit Hilfe eines Erwachsenen)

Der Bootsbau beginnt mit einem deftigen Heringshappenessen.
Dose und Deckel der Fischdose säubern. Die Heringsdose wird zum Schiffskörper, der Fischdosendeckel ein kleines Stövchen:
An der Längsseite des Deckels auf einer Seite 1 cm lange Streifen im Abstand von 1 cm einschneiden, auf der anderen Längsseite 2 cm lange Streifen einschneiden.
Ähnlich wie das Muster einer Burgzinne einen Metallstreifen abschneiden, den nächsten ste-

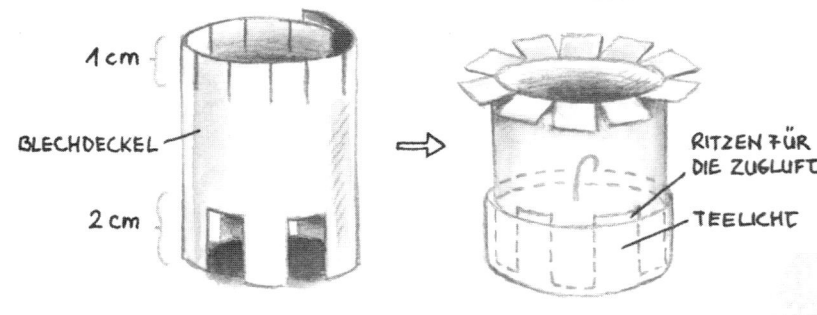

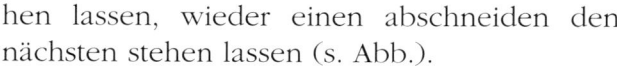

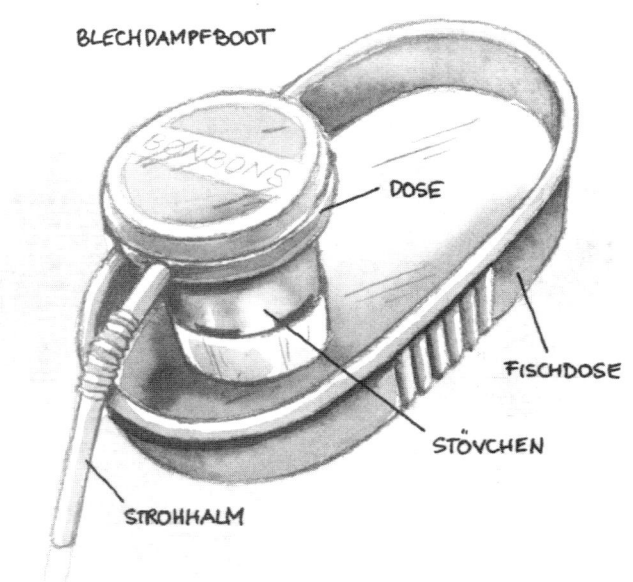

hen lassen, wieder einen abschneiden den nächsten stehen lassen (s. Abb.).

Den Deckel zu einem Zylinder aufrollen und mit den 2 cm langen Streifen in die Hülle des Teelichtes stecken.

Die Kerze des Teelichtes wieder in die Kerzenhülle stecken – so sitzt das Stövchen fest.

Die Streifen am oberen Rand halten später den Brennkessel. Durch die Ritzen des unteren Randes wird Zugluft geführt, damit das Teelicht genügend Sauerstoff hat. Das Stövchen in den Schiffskörper setzen.

Das kleine Döschen öffnen und mit einem Handbohrer oder mit Hammer und Nagel von innen nach außen am Dosenrand direkt über dem Dosenboden ein Loch bohren, durch das der Strohhalm geführt wird. Den Strohhalm so durch das Loch führen, dass er später in dem Kesselchen schräg nach oben zeigt.

Die Öffnung um den Strohhalm mit Isolierband abdichten und damit gleichzeitig seine Position fixieren.

Die Dose mit etwas Wasser füllen. Die Strohhalmöffnung muss oberhalb des Wasserspiegels liegen, weil ja nur der Wasserdampf hindurch soll und nicht das Wasser! Die Dose nun mit dem Deckel verschließen und ebenfalls mit Isolierband abdichten.

Das Boot im Waschbecken oder in einer Wanne zu Wasser lassen. Die Kerze im Stövchen entzünden, das Dampfkesselchen auf das Stövchen setzen. Das Beugegelenk des Strohhalmes nach unten biegen, so dass der „Auspuff" des Bootes unter die Wasseroberfläche zeigt.

Los geht die Dampferfahrt – wenn nicht irgendetwas an der Konstruktion noch nicht ganz perfekt ist... Viel Spaß!

Maschinenpantomime

Material: keins
Alter: ab 6 Jahren

Wir können zwar keine Maschine bauen, aber wir können selbst erleben, wie unsere Kraft auf andere wirkt.

Beispiel:

- SpielerIn 1 stellt pantomimisch den Kolben dar, stellt sich auf die Spielfläche und bewegt den rechten Arm seitlich angewinkelt vor und zurück.
- SpielerIn 2 stellt sich dazu, legt die linke Hand auf die linke Schulter des „Kolbens" und überträgt dessen „Kraft" in eine Drehbewegung mit dem rechten Arm.
- SpielerIn 3 fasst mit der linken Hand das rechte Bein des „Rades" und übersetzt die Bewegung in ein Auf und Ab des rechten Armes.

Nach und nach klinken sich alle SpielerInnen in die Maschine ein und denken sich neue Bewegungsformen aus.

Noch lustiger wird der Maschinenbau, wenn die SpielerInnen ihre Maschinenbewegungen auch mit passenden Geräuschen untermalen...

DIE KUNST DES FEUERLÖSCHENS

Leicht wird ein kleines Feuer ausgetreten, das, erst geduldet, Flüsse nicht mehr löschen.
(WILLIAM SHAKESPEARE)

Was ist Feuer?

Lange vor unserer Zeitrechnung galt die Vorstellung, alles Leben setze sich aus den vier Elementen Feuer, Erde, Wasser und Luft zusammen. Der griechische Dichterphilosoph Empedokles gilt als Begründer dieser Lehre von den vier Elementen. Er erklärte Feuer, Wasser, Luft und Erde zu den vier Grundwurzeln aller Dinge.

Aristoteles sah die enge Verknüpfung der vier Elemente, die ineinander umwandelbar sind:

- Ohne Luft kann Feuer nicht brennen.
- Wasser kann Feuer löschen. mit dem Feuer wird es erwärmt und entfaltet bei uns Menschen seine heilende Wirkung.
- Erde ist das Element, welches das Feuer bewahrt.

Auch in der katholischen Kirche begegnen uns heute noch die vier Elemente in symbolischer Gestalt: das ewige Licht (Feuer), der Weihrauch (Luft), der Wein (Wasser) und das Brot (Erde).

Das Feuer wurde als das heilige Element verehrt, weil es das einzige Element ist, das Stoffe verwandelt. Wasser wird mithilfe des Feuers warm, heiß und verdampft. Erde wird zu gebranntem Ton, auch Luft verwandelt sich: Sauerstoff verbindet sich mit Kohlenstoff zu Kohlendioxid. Feuer ist das einzige der vier Elemente, das sich nur der Mensch zu Nutze machen kann.

Heute verstehen Naturwissenschaftler unter Feuer eine Verbrennung mit gleichzeitiger Licht- und Wärmeentwicklung, bei der ein Brennstoff mit Sauerstoff reagiert.

AUSGEDEHNTES ZWISCHENSPIEL VON LUFT UND FEUER
②

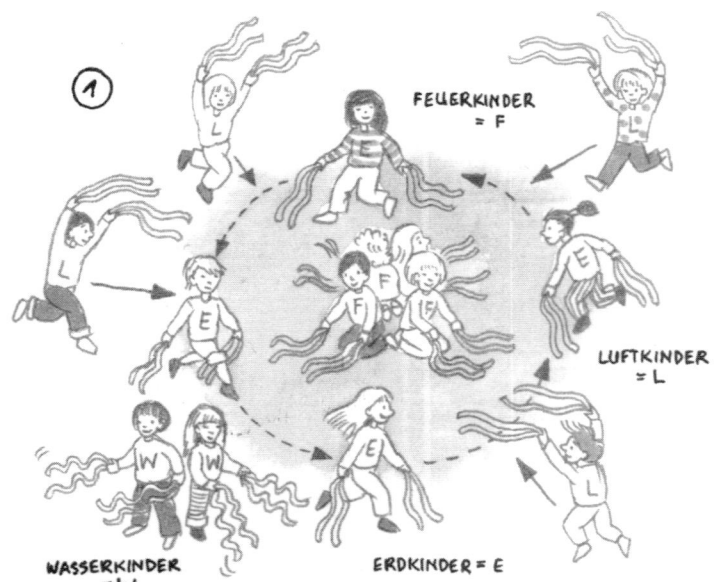

① FEUERKINDER = F

LUFTKINDER = L

WASSERKINDER = W   ERDKINDER = E

Tanz der Elementargeister

„Wer sie nicht kennte, die Elemente,
wäre kein Meister über die Geister"
(JOHANN WOLFGANG VON GOETHE)

Ursprünglich wurden die vier Elemente nicht abstrakt, sondern in ihrer ganz natürlichen Form gesehen: Wasser als Quelle, Fluss, See, Meer oder Regen; Erde als Stein, Fels, Erdscholle, Sand; Luft als Wind, Wolken, Nebel und Atem; Feuer als Sonne, Blitz und Flamme.

Musik: Vivaldi, Die vier Jahreszeiten
Material: Stoff- oder Krepp-Bänder (50 cm lang) in Gelb, Rot, Braun, Blau
Alter: ab 4 Jahren

Die TänzerInnen teilen sich in vier gleich große Gruppen (Feuer, Erde, Wasser, Luft) und binden sich jeweils zwei Bänder um die Handgelenke (braune für Erde, rote für Feuer, gelbe für Luft, blaue für Wasser).

③ DIE WASSERKINDER LAUFEN IN DEN ERDKREIS UND UMRINGEN DAS FEUER

Die Feuerkinder setzen sich in die Mitte.
Die Erdkinder bilden einen Ring um das „Feuer", damit dieses nicht ausbrechen kann.
Die Luftkinder verteilen sich im Raum.
Die Wasserkinder bilden einen „See", und stellen sich dicht zusammen mit etwas Abstand zu „Feuer" und „Erde" auf.

Die Musik setzt ein:

- Die Luftkinder beginnen zu tanzen, nähern sich immer mehr dem Feuer, halten die Arme nach oben und wedeln dabei mit ihren Bändern Luft in Richtung Feuerkinder. Die Erdkinder drehen sich im Kreis um das Feuer, sie halten ihre Arme nach unten und schwingen ihre Bänder über dem Boden ruhig hin und her. Die Wasserkinder schwingen ihre Bänder in rhythmischen Wellenbewegungen.

- Langsam fangen auch die Feuerkinder an zu tanzen: sie richten sich auf, bewegen sich innerhalb des „Erdkreises" und beschreiben mit ihren roten Bändern Feuerblitze in Richtung der Luftkinder.
  Es beginnt ein ausgedehntes Zusammenspiel von Luft und Feuer.

- Zum Ende hin bewegen die Luftkinder ihre Bänder sparsamer, bis sie ganz still sind und niederknien.
  Die Wasserkinder lösen sich aus ihrem Kreis und laufen ihre Bänder schwingend in den Erdkreis und umringen das Feuer.
  Die Feuerkinder ziehen sich mehr und mehr zur Kreismitte zurück.
  Der Kreis der tanzenden Erdkinder wird immer enger, auch sie gehen in die Hocke.
  Die Flammen werden immer kleiner: die Feuerkinder ducken sich und bewegen sich nicht mehr.
  Die Wasserkinder halten ihre Bänder über das Feuer. – Die Musik endet, das Feuer ist aus.

Was braucht ein Feuer um zu brennen?

Wer ein Feuer löschen will, muss zuerst wissen, warum ein Feuer brennt, um so die richtige Methode zum Löschen zu finden. Ein Feuer brennt nur, wenn a) ein Brennstoff vorhanden ist, wenn b) ausreichend Luft da ist, wenn c) genügend Entzündungstemperatur besteht und d) das Verhältnis dieser drei Faktoren untereinander stimmt! Die nachfolgenden Versuche lassen Kinder die notwendigen Einsichten in den Brennvorgang gewinnen.

Achtung: Die Versuche dürfen nur im Beisein von Erwachsenen durchgeführt werden. Die Erwachsenen müssen die Versuche vorher selbst ausprobiert haben. Nicht zu viele Kinder an den Versuchen beteiligen, damit der Erwachsene den Überblick behält und bei Gefahr schnell eingreifen kann. Da die Versuche nur mit einer Kerze durchgeführt werden, reicht es, für den Notfall zum Löschen einen Eimer Wasser bereit zu halten.

Feuer braucht einen Brennstoff

Unter Brennstoffen verstehen wir Kohle, Erdöl und Erdgas.
Kohle ist ein natürlicher Brennstoff pflanzlichen Ursprungs. Aus riesigen Wäldern bildeten sich durch üppigen Pflanzenwuchs zunächst Torfmoore, die langsam absanken und von Sand und Tonmassen überlagert wurden. Durch den Druck und den Luftabschluss bildete sich Kohle, eine Anreicherung von Kohlenstoff.
Weitere Brennstoffe sind Erdöl und Erdgas. Erdöl entstand in Jahrmillionen durch Ablagerungen von Kleinlebewesen auf Meer- und See-

böden; Benzin wird aus Erdöl gewonnen. Erdgas besteht aus gasförmigen Kohlenwasserstoffen, die sich wie Erdöl aus organischen Substanzen bilden. Es wird meist gemeinsam mit Erdöl gefördert.
Selbst Kinder im Vorschulalter können aufgrund ihrer bisher gemachten Erfahrungen gleich verschiedene Brennstoffe aufzählen bei der Frage, was ein Feuer braucht um zu brennen. Doch auch Dinge, die nicht als Brennstoff bezeichnet werden, können unterschiedlich schnell Feuer fangen.

Was brennt – was brennt nicht?

Material: Kuchenblech, Arbeitshandschuhe, Teelicht, Sammlung verschiedener (auch nicht) brennbarer Dinge (Streichhölzer, Papier, Holzscheit, Schraube, Stein, Baumwolle...)
Alter: ab 4 Jahren

Das Kuchenblech dient als feuerfeste Unterlage. Die Arbeitshandschuhe schützen die Hände.
Die Kinder halten die verschiedenen Materialien nacheinander in die Flamme des Teelichtes. – Einige brennen leicht, andere gar nicht.
Folge: Es gibt Materialien, die leicht brennen (Papier, Streichholz), Stoffe, die sich nicht entzünden, wie z. B. ein Stein, oder schwer entzündbar sind wie Baumwolle oder ein dicker Holzscheit.

Warum brennt eine Kerze?

Material: Kerze im Kerzenständer, ein Streichholz, Kuchenblech, Arbeitshandschuhe
Alter: von einem Erwachsenen durchzuführen

Ein Erwachsener entzündet über dem Kuchenblech die Kerze mit Hilfe des Streichholzes, er bläst nun aber das Streichholz nicht wie gewöhnlich aus, sondern lässt es vollständig verbrennen. Dazu das Streichholz zuerst mit Zeigefinger und Daumen der rechten Hand festhalten. Sobald der Zündkopf abgebrannt ist, mit Daumen und Zeigefinger der linken Hand halten, dann kann auch das Ende des Streichholzes abbrennen. Nun das abgebrannte Streichholz in das flüssige Wachs der Kerze tauchen – es lässt sich an der Flamme wieder entzünden.
Folge: Die Kerze brennt nicht wegen des Dochtes, sondern wegen des Wachses. Der Docht ist nur dazu da, das flüssige Wachs gleichmäßig der Flamme zur Verfügung zu stellen.

Wie kommt das Wachs zur Flamme?

Material: Untertasse, Wasser, Tinte, 5 Stücke Würfelzucker
Alter: ab 3 Jahren

Ein wenig Wasser in die Untertasse füllen und mit Tinte blau färben.
Die Würfelzucker als Türmchen auf den Unterteller stellen. Im Nu zieht der Würfelzucker das gefärbte Wasser in sich auf.
Folge: Wie das Würfelzuckertürmchen zieht auch der Docht das flüssige Wachs in sich hoch und so steht dem Feuer der Brennstoff immer gleichmäßig zum Brennen zur Verfügung.

Feuer braucht ausreichend Luft

Warum brennt die Kerze nicht?

Material: Teelicht, Streichholz, Wasserglas
Alter: ab 4 Jahren

Die Kinder zünden das Teelicht an. Sie stülpen ein Glas darüber – bald erlischt die Flamme. Die Kinder zünden das Teelicht erneut an und stülpen wieder das Glas darüber. Doch kurz bevor die Flamme erlischt, nehmen sie das Glas wieder hoch – das Teelicht brennt wieder.
Folge: Luft ist notwendig zur Verbrennung.

Was zieht das Wasser ins Glas?

Material: Kerzenstummel, Streichholz, Untertasse, Wasser, Wasserglas
Alter: ab 4 Jahren

Die Kinder zünden den Kerzenstummel mit Hilfe des Streichholzes an, lassen etwas Wachs auf die Mitte der Untertasse tropfen und stellen darauf die Kerze. Den Unterteller füllen sie bis zum Rand mit Wasser und stülpen das Wasserglas über die Kerze.
Folge: Um brennen zu können, braucht die Kerze Sauerstoff aus der Luft. Wenn im Glas aller Sauerstoff verbraucht ist, erlischt die Flamme. An die Stelle des Sauerstoffes wird Wasser ins Glas gedrückt – der fehlende Sauerstoff sichtbar gemacht.

Walnussschiffchen

Material: Walnusshälfte, kleine Puppenkerze, Streichholz, Unterteller, Glas, Wasser, Tinte
Alter: ab 4 Jahren

Die Kinder entzünden eine kleine Puppenkerze und befestigen sie mit Wachstropfen in einer Walnusshälfte. Den Unterteller füllen sie bis zum Rand mit Wasser, färben es mit etwas blauer Tinte ein. Sie stellen die Walnussschale mit der brennenden Kerze in die Mitte des Untertellers und stülpen das Glas darüber. – Das Wasser steigt im Glas hoch und das Walnussschiffchen kann schwimmen!

Der Luftstrom wird sichtbar

Material: Haushaltskerze im Kerzenständer, Taschenlampe
Alter: ab 4 Jahren

Die Kinder stellen die angezündete Haushaltskerze vor eine weiße Zimmerwand und beleuchten die Flamme mit dem Lichtstrahl einer Taschenlampe. – Der Docht und die Flamme sind als dunkle Schatten an der Zimmerwand sichtbar. Außerdem ist der Luftstrom zu sehen, der durch die Wärmeentwicklung an der Flamme nach oben steigt.
Blasen die Kinder ein wenig in die Kerze, bewegt sich der Luftstrom entsprechend.

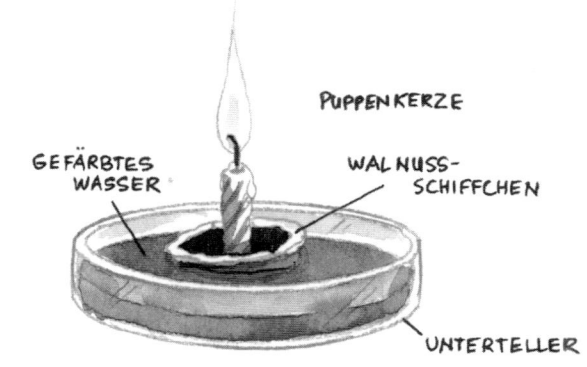

GEFÄRBTES WASSER — PUPPENKERZE — WALNUSSSCHIFFCHEN — UNTERTELLER

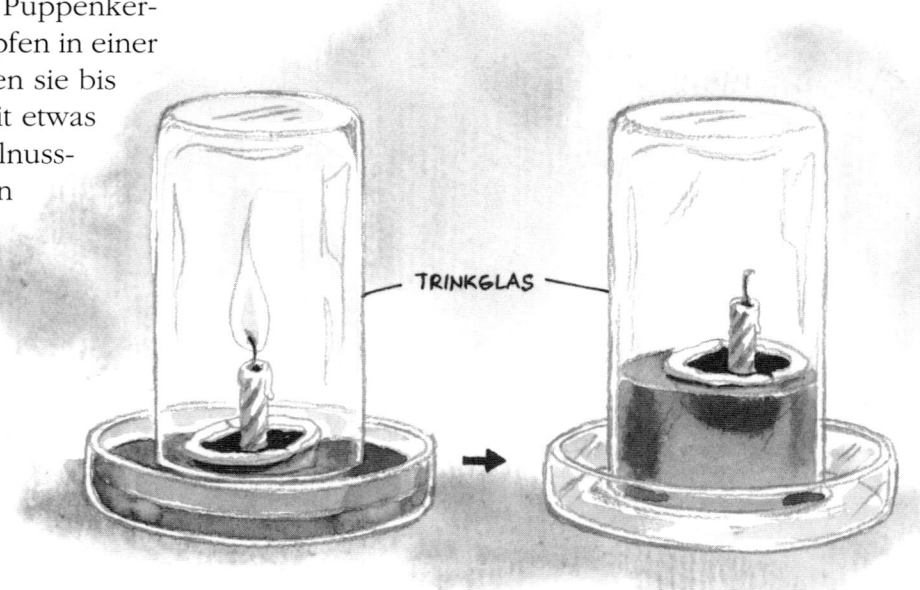

TRINKGLAS

Feuer braucht genügend Wärme

Bei einer brennenden Kerze bildet sich unterhalb der Flamme ein gleichmäßiges Schälchen von flüssigem Wachs. Der äußere Wachsrand der Kerze schmilzt nicht, da hier die Luft das Wachs kühlen kann, es hat hier also nicht seine Entzündungstemperatur. Der gleichmäßige Luftstrom hält die Kerze in ihrer Form.

Stellen wir die Kerze in einen Luftzug, tritt flüssiges Wachs aus dem Schälchen heraus und läuft an der Kerze herunter. Das flüssige Wachs erkaltet und bildet nach und nach auf dem Kerzenrand eine Wachssäule, die nicht flüssig wird, weil der Luftstrom die Wachssäule gut kühlen kann.

Warum geht die Kerze aus?

Material: Kerze im Kerzenständer, Porzellanteller, Streichhölzer
Alter: ab 4 Jahren

Die Kinder drehen eine brennende Kerze über einem Porzellanteller (den brauchen sie, damit der Tisch nicht vertropft) auf den Kopf: – Sie geht sofort aus.
Folge: Zwar gelangt viel Brennstoff und Luft zur Flamme, die Kerze geht aber trotzdem aus, weil die Flamme nicht genug Zeit hat, die größere Menge Brennstoff zu erhitzen.

Flammensprung durch Dampf

Material: Kerze, Kerzenständer, Streichhölzer
Alter: ab 6 Jahren

Die Kinder blasen eine Kerze vorsichtig aus – Wachsdampf steigt auf.
Sie halten ein brennendes Streichholz über die Kerze in den „Dampf" – die Flamme des Streichholzes springt auf die Kerze über.
Folge: Bevor sich Stoffe entzünden, müssen sie erhitzt werden – und zwar so stark, dass sie Dämpfe bilden. Erst diese Dämpfe entzünden sich, sobald die Entzündungstemperatur erreicht ist.

Wo ist die Kerze am heißesten?

Material: Kerze im Kerzenständer, Kaminstreichhölzer
Alter: ab 8 Jahren

Die Kinder halten ein Kaminstreichholz (ohne Zündkopf) waagerecht in die Kerzenflamme – an zwei Enden wird es braun, in der Mitte aber bleibt es unversehrt.
Folge: Bei einer Kerzenflamme sind zwei Zonen zu erkennen: ein Kern und ein Mantel. Im Kern der Flamme entstehen ständig Wachsdämpfe, diese Gase vermischen sich mit Luft und verbrennen im Mantel der Flamme. Daher ist der Mantel heißer als der Kern. Die größte Hitze ist da, wo Luft und Brennstoff zusammentreffen.

Wie kann ein Feuer gelöscht werden?

Um ein Feuer zu löschen, werden ihm die Voraussetzungen zum Brennen genommen. Dafür gibt es verschiedene Löschmittel. Nachfolgende Versuche verdeutlichen den Löschvorgang.

Feuer kann durch Abkühlen gelöscht werden

Wird dem Feuer die Wärme entzogen, wird also die Zündenergie unterschritten, wird es gelöscht. Das Auspusten einer Kerze ist hierfür ein Beispiel. Durch das Pusten wird dem Brennstoff die Wärme entzogen, die Flamme erlischt.

Löschen mit Luftdruck

Material: Kerze im Kerzenständer, Kuchenblech, Streichhölzer, Fächer (gefaltet aus einem DIN-A4-Papier)
Alter: ab 4 Jahren

Die Kinder stellen eine Kerze auf das Kuchenblech, zünden sie an und fächern der Kerzenflamme erst leicht, dann stärker mit dem Fächer Luft zu. – Bei schwachem Wedeln mit dem Fächer bewegt sich die Flamme unruhig hin und her. Bei starkem Wedeln erlischt sie.
Folge: Obwohl eine Flamme die Luft zum Brennen braucht, kühlt ein starker Luftstrom die Flamme ab und bringt sie zum Erlöschen.

Löschen mit Wasser

Material: Kerze im Kerzenständer, Kuchenblech, Streichhölzer, Schüssel mit Wasser, verschiedene Wasserspritzen (Einwegspritzen, Sprühflasche, Strohhalm, Wasserpistole...)
Alter: ab 4 Jahren

Eine Kerze auf das Kuchenblech stellen und anzünden. Die Kinder besprühen mit etwas Abstand die Kerzenflamme mit Wasser – evtl. zischt es, aber die Kerze bleibt an.
Die Kinder gehen näher ran und besprühen die Flamme kräftig und gezielt – die Kerze erlischt.
Folge: Wird dem Feuer durch das Wasser die Wärme entzogen, hat der Brennstoff nicht mehr die Entzündungstemperatur, die Flamme ist gelöscht. Die Wassermenge und die Art des Wasserstrahls sind entscheidend, ob die Flamme gelöscht wird.

Feuer kann durch Ersticken gelöscht werden

Wird dem Feuer der Sauerstoff aus der Luft entzogen, wird es gelöscht.

Löschen mit Sand und Erde

Material: Teelichte, Kuchenblech, Streichhölzer, etwas Erde und/oder Sand
Alter: ab 4 Jahren

Teelichte anzünden und auf das Kuchenblech stellen.
Die Kinder bedecken die Flamme mit Erde oder Sand – sie erlischt.
Folge: Erde und Sand unterbrechen die Sauerstoffzufuhr.

Löschen mit Kohlendioxid

Kohlendioxid ist ein farb- und geruchsloses Gas, das schwerer ist als Luft. Seine Hauptlöschwirkung ist Ersticken, weil es den Sauerstoff verdrängt, den das Feuer zur Verbrennung braucht. Zum Einsatz im Freien ist Kohlendioxid nicht geeignet, weil es zu rasch verfliegt. Die Feuerwehr verwendet Kohlendioxid zur Bekämpfung von brennbaren Gasen.

Material: Knetmasse, Glasschälchen, kurze Kerze (niedriger als der Schälchenrand), Soda (aus der Apotheke), Streichhölzer, etwas Essig, Löffel
Alter: ab 8 Jahren

Die Knetmasse auf den Boden der Glasschale drücken und die Kerze hierauf befestigen.
Die Kinder streuen etwas Soda um die Kerze und zünden sie mit dem Streichholz an. Sie tröpfeln etwas Essig auf das Soda. Es beginnt zu schäumen. – Obwohl der Schaum die Flamme nicht erreicht, erlischt das Feuer.
Die Kinder versuchen die Kerze erneut anzuzünden – das Streichholz erlischt, bevor es den Docht erreicht.
Folge: Soda und Essig bilden Kohlendioxid, ein unsichtbares Gas. Die Flamme erhält keinen Sauerstoff mehr und erlischt. Selbst mit einem brennenden Streichholz ist die Flamme nicht wieder zu entzünden, es erlischt, sobald es in das unsichtbare Gas eintaucht.

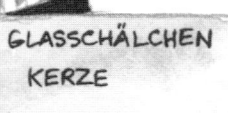

Die Feuerwehr –
Experten bei der Brandbekämpfung

Seitdem Menschen das Feuer für sich entdeckten, mussten sie Methoden entwickeln, das Feuer unter Kontrolle zu bringen und es zu löschen. Unsere Vorfahren werden vor mehreren hunderttausend Jahren ebenfalls die Beobachtung gemacht haben, dass sich ein Feuer durch Abkühlen und Ersticken löschen lässt.

Die ersten professionellen Feuerwehrleute waren wahrscheinlich römische Sklaven, denen bei ihren nächtlichen Kontrollgängen auch die spezielle Aufgabe zufiel, Brände zu bekämpfen. Doch kannten sie noch keine geeigneten Feuerlöschgeräte und auch keine spezielle Schutzausrüstung.

Im Mittelalter hatte der Nachtwächter die Aufgabe, bei Brandgefahr Feueralarm auszurufen. Nacht für Nacht zog er seine Runden, um jedes Feuer frühzeitig zu entdecken. Die ganze Dorfgemeinschaft wurde im Brandfall aus den Betten geholt und alle mussten mithelfen das Feuer zu löschen. Bevor es spezielle Feuerspritzen gab, bildeten alle Dorfbewohner eine Eimerkette vom nächstgelegenen Brunnen, um das Wasser auf diese Weise zum Brandort zu transportieren. Die Brandgefahr war damals sehr hoch, weil die Feuerstellen in den Häusern noch offen lagen und die Häuser meist aus Holz und zudem eng aneinander gebaut waren. Das Feuer hatte – war es erst einmal entzündet – leichtes Spiel, denn es war genügend Brennmaterial in Form von Holz und Stroh vorhanden und ein Brand breitete sich in Windeseile aus. Nicht selten mussten dann die Zimmermänner angrenzende Stallungen kurzerhand einreißen, damit nicht alle umliegenden Häuser ein Opfer der Flammen wurden.

Nach und nach verfeinerte sich das Wissen um die Kunst des Feuerlöschens und es bildete sich ein eigenständiger Beruf aus. Heute muss jede Stadt mit mehr als 100.000 Einwohnern eine eigene Berufsfeuerwehr haben. Berufsfeuerwehrleute haben eine abgeschlossene Berufsausbildung in einem technischen oder handwerklichen Beruf und im Anschluss eine zweijährige Ausbildung in Gerätekunde, Atemschutztechniken und Feuerwehrrecht.

In kleineren Gemeinden hat sich aus der alten Tradition heraus, dass sich die ganze Dorfgemeinschaft bei der Brandbekämpfung gegenseitig hilft, die Einrichtung der Freiwilligen Feuerwehr entwickelt und bis heute gehalten. Wie der Name schon sagt, halten sich hier Einwohner der Gemeinde freiwillig und unentgeltlich bereit, entstehende Brände zu bekämpfen. Bei größeren Unglücksfällen wird zusätzlich die Überlandhilfe angefordert. Die Mitglieder der Freiwilligen Feuerwehr arbeiten tagsüber in ihrem jeweiligen Beruf. Bricht ein Brand aus, werden sie über Funkmeldeempfänger von ihrem Arbeitsplatz weg zum Einsatz gerufen.

In die Freiwillige Feuerwehr kann jeder eintreten, der 18 Jahre alt ist. In vielen Gemeinden gibt es auch Jugendfeuerwehren, hier können Kinder und Jugendliche schon mit zehn Jahren eintreten und spielerisch erstes feuerwehrtechnisches Grundwissen erlangen. Zu Feuerwehreinsätzen werden sie allerdings nicht mitgenommen. Auch die Freiwilligen Feuerwehrleute müssen vor ihrem ersten Einsatz eine Grundausbildung in Theorie und Praxis durchlaufen. In der Grundausbildung, aber auch danach wird der Einsatz in der Löschgruppe immer wieder geübt, damit alle Handgriffe sitzen und im Ernstfall so rasch wie möglich geholfen werden kann.

Retten – Löschen – Bergen – Schützen

⊙ 20
Text: S. Steffe/H. E. Höfele
Musik: G. Geisinger

In der Stra - ße brennt ein Haus, die Feu - er - wehr kommt an - ge - saust, mit

Blink - licht und Ta - tü - ta - ta, die Feu - er - wehr ist für uns da. Im

fünf - ten Stock auf dem Bal - kon, steht Frau Mül - lers klei - ner Sohn. Er

ruft um Hil - fe, so laut er kann, schon kommt ein Feu - er - wehr - mann.

Ta - tü - ta - ta, Ta - tü - ta - ta, die Feu - er - wehr ist für uns

da, kommt an - ge - flitzt, wie'n ro - ter Blitz, Ta - tü - ta - ta, Ta - tü - ta - ta.

1. In der Straße brennt ein Haus, die Feuerwehr kommt angesaust
Mit Blinklicht und Tatütata, die Feuerwehr ist für uns da.
Im fünften Stock auf dem Balkon. Steht Frau Müllers kleiner Sohn
Er ruft um Hilfe so laut er kann, schon kommt ein Feuerwehrmann

Refrain:
Tatütata, Tatütata – Die Feuerwehr ist für uns da
Kommt angeflitzt wie'n roter Blitz – Tatütata, Tatütata

2. Die Leiter reicht bis zum Balkon, gerettet ist Frau Müllers Sohn
Der liegt beruhigt im starken Arm, vom tapferen Feuerwehrmann
Alles geht jetzt schnell, schnell, schnell: „Wasser marsch" heißt der Befehl
Und aus einem dicken Schlauch schießt der Wasserstrahl hinauf.
Refrain: Tatütata, Tatütata …

3. In der Zentrale klingelt schon wieder mal das Telefon
Diesmal lautet der Befehl: Raus zum Hafen und zwar schnell!"
Dort leckt ein Schiff und Öl läuft aus, mit dem Schlauchboot geht's nun raus
Die Pumpe saugt mit voller Kraft und hat das Öl gleich weggeschafft
Refrain: Tatütata, Tatütata ...

4. Zur Abendstund gibt's Großalarm auf Herrn Habichts Hühnerfarm
Ein Kurzschluss in der Brutstation, den Qualm sieht man von weitem schon
Zum Glück gibt's keinen Unglücksfall, die Feuerwehr hilft überall
Sie holt ganz schnell das Federvieh aus der Legebatterie
Refrain: Tatütata, Tatütata ...

Die Aufgaben der Feuerwehr:
Retten – Löschen – Bergen – Schützen

Die Aufgaben der Feuerwehr sind heute sehr vielfältig. Neben dem Löschen von Bränden wird die Feuerwehr bei allen Natur- und Umweltkatastrophen eingesetzt. Bei Verkehrsunfällen befreit die Feuerwehr Fahrzeuginsassen aus den Autowracks, bei Überschwemmungen rettet sie Menschen und Tiere und pumpt überschwemmte Keller aus. Verliert ein Tankschiff Öl auf einem Gewässer, verhindert die Feuerwehr die Ausbreitung des Ölteppichs, bei Lawinenunglücken suchen Feuerwehrleute mit speziell ausgebildeten Hunden Verschüttete. Die Feuerwehr bildet sogar spezielle Taucher aus, die bei Schiffsunglücken eingesetzt werden. Sie bewältigt Aufgaben im Unglücksfall zu Lande zu Wasser und in der Luft. So können große Waldbrände nur mit dem Einsatz von Hubschraubern gelöscht werden, und auf dem Wasser gelangen nur Feuerwehrschiffe als schwimmende Feuerlöschpumpen zur Unglücksstelle.

Gemäß ihrem Wahlspruch „Retten, Löschen, Bergen, Schützen" steht an erster Stelle das Retten von Menschen. Die Feuerwehr rettet Personen über Drehleitern oder Sprungretter aus brennenden Häusern, sie rettet Menschen, die nicht schwimmen können, aus Gewässern. Die Feuerwehr rettet aber auch ein verschüchtertes Kätzchen, welches nicht mehr alleine von einem Baum herunterfindet, sie fängt sogar entflogene Wellensittiche wieder ein.

Die Ausrüstung der Feuerwehrfahrzeuge

Die wichtigste Errungenschaft war für die Feuerwehr die Entwicklung von motorbetriebenen Feuerwehrautos. Musste im Mittelalter das Löschwasser von Hand zu Hand zum Brandort geschleppt werden, war die erste Erleichterung eine fahrbare Feuerspritze aus dem Jahre 1569, die Jacques Besson erfand. Viele Männer wurden benötigt, um diese Feuerspritze zur Brandstelle zu befördern. Im 19. Jahrhundert entwickelte Gustaf Adolf Jauck in Leipzig pferdegezogene Dampfspritzen. Zu Beginn des 20. Jahrhunderts wurden die ersten motorbetriebenen Feuerwehrautos gebaut. Seither wurden Feuerwehrfahrzeuge immer mehr nach speziellen Aufgaben differenziert.

Feuerwehrfahrzeuge

Material: Schuhkartons, große und kleine Schachteln, Pralinenschachteln, Filmdöschen, Stoffe, Lederbändel, Gummibänder, Streichhölzer, Streichholzschachteln, Schaschlikstäbe, Krepp-Klebeband, Musterklammern, Scheren, Klebstoff, rote, blaue, gelbe und schwarze Plakafarbe, Weinkorken, Klopapierrollen etc.
Alter: ab 4 Jahren (nach Anleitung ab 5 Jahren)

Mit den Materialien lassen sich Feuerwehrautos nach eigenen Vorstellungen frei gestalten. Wer es detailgetreuer will, bastelt die Fahrzeuge nach ihrer jeweiligen Funktion:

Einsatzleitwagen

Der Einsatzleitwagen führt einen Löschzug an. Hierin sitzen der Einsatzleiter und – je nach Größe des Fahrzeuges – drei bis acht Feuerwehrleute.

Eine Schachtel mit Deckel für den Einsatzleitwagen herrichten:
- Den Deckel der Schachtel abnehmen.
- In die Schachtel rundherum Fenster für das Fahrzeug ausschneiden.
- In der „Fahrerkabine" vorne eine Armatur aus Streichholzschachteln bauen, darauf mit einer Musterklammer ein Lenkrad (Filmdeckeldöschen) befestigen.
- Aus einem längsgeteilten Weinkorken ein Funkgerät basteln: einen Zahnstocher als Antenne oben in den Weinkorken stecken. Das Funkgerät neben der Armatur ankleben.
- Mit Streichholzschachteln Bänke für die Feuerwehrleute einrichten.
- Den Deckel wieder auf die Schachtel setzen und vorne mit einem blau angemalten halben Weinkorken als Blaulicht versehen.
- Eine Klopapierrolle in vier gleiche Teile schneiden und als Räder an die Unterseite des Fahrzeuges kleben.

Das ganze Fahrzeug signalrot, die Räder schwarz bemalen.

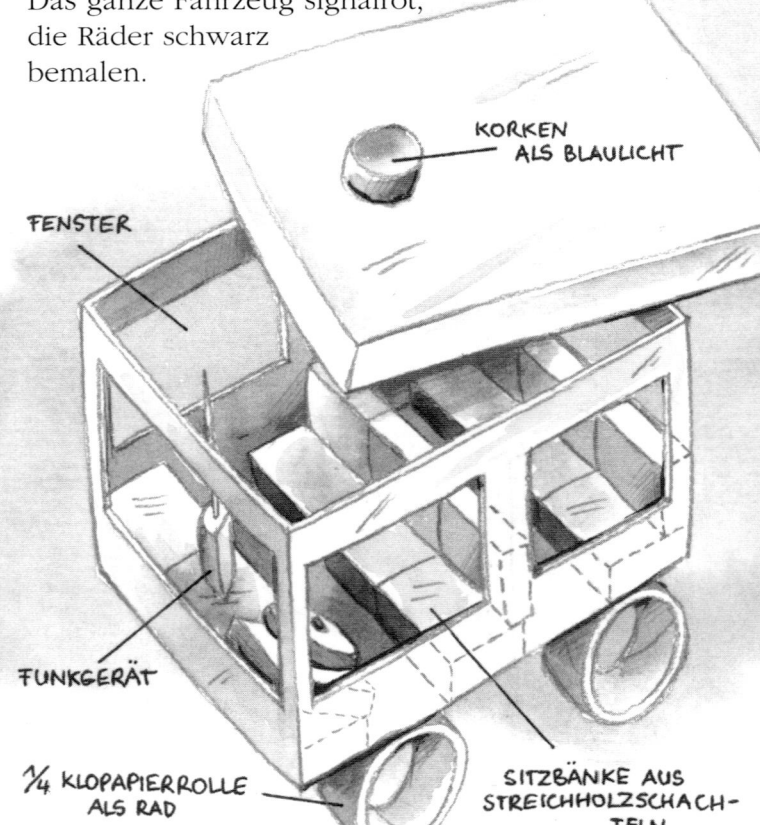

KORKEN ALS BLAULICHT

FENSTER

FUNKGERÄT

¼ KLOPAPIERROLLE ALS RAD

SITZBÄNKE AUS STREICHHOLZSCHACHTELN

Drehleiterfahrzeug

Das Drehleiterfahrzeug wird vorrangig zum Retten von Menschen aus Notlagen eingesetzt, aber es findet auch bei der Brandbekämpfung Verwendung. Das wichtigste bei diesem Fahrzeug ist die Drehleiter. Hiermit können Menschen aus Obergeschossen von Häusern gerettet werden. Die erste Feuerwehrleiter wurde bereits 3.000 Jahre vor unserer Zeitrechnung im alten Ägypten entwickelt.

● Als „Unterbau" eine flache, nicht zu breite Pralinenschachtel verwenden.

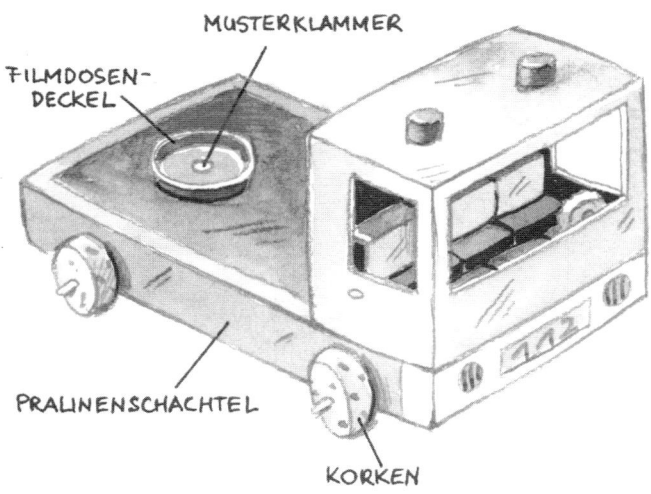

MUSTERKLAMMER

FILMDOSEN-DECKEL

PRALINENSCHACHTEL

KORKEN

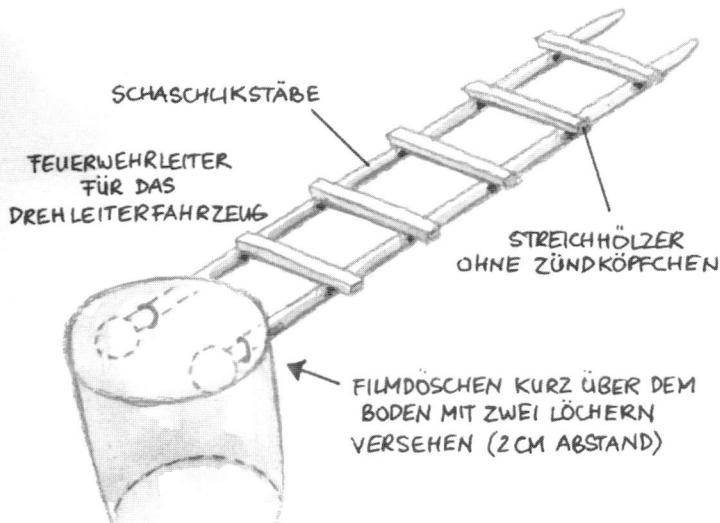

SCHASCHLIKSTÄBE

FEUERWEHRLEITER FÜR DAS DREHLEITERFAHRZEUG

STREICHHÖLZER OHNE ZÜNDKÖPFCHEN

FILMDÖSCHEN KURZ ÜBER DEM BODEN MIT ZWEI LÖCHERN VERSEHEN (2 CM ABSTAND)

● Als Fahrerhaus auf den vorderen Teil des Schachteldeckels eine kleinere quadratische Pappschachtel kleben.

● Diese mit Windschutzscheibenfenster und seitlichen Türen versehen. Wer will, kann auch ein Lenkrad aus Kronenkorken und eine Sitzbank aus Streichholzschachteln einbauen.

● Auf das Fahrerhaus zwei blau angemalte halbe Weinkorken als Blaulicht kleben.

● Für die drehbare Leiter durch den Deckel eines Filmdöschens in der Mitte mit einer spitzen Schere ein Loch bohren.

● Den durchbohrten Deckel auf den hinteren Teil des Pralinenschachteldeckels legen und durch diesen Deckel ebenfalls ein Loch bohren.

● Döschendeckel und Schachteldeckel mit einer Musterklammer miteinander verbinden. Der Deckel der Filmdose lässt sich nun drehen.

● Für den Leiteraufbau kurz über dem Boden mit der Schere (oder Stricknadel) nebeneinander zwei Löcher (Abstand ca. 2 cm) in die Filmdose bohren.

● Durch die Löcher als Leiterholme zwei Schaschlikstäbe stecken und diese von innen mit zwei kleinen Perlen o. Ä. versehen, damit sie nicht wieder herausrutschen können.

● Die Filmdose nun „verkehrt herum" auf ihren bereits montierten Deckel stecken.

● Für die Sprossen der Leiter einige Streichhölzer von ihren Zündköpfchen befreien und in gleichmäßigem Abstand auf die zwei Schaschlikstäbe kleben.

● Den Pralinenschachteldeckel auf seine Schachtel setzen und zwei Schaschlikstäbe als Radachsen durch die Schachtel bohren

● Zwei Weinkorken quer halbieren und als vier Räder an den „Radachsen" aufstecken.

● Das Fahrzeug signalrot, die Räder schwarz bemalen.

Löschfahrzeug

Das Löschfahrzeug ist ein Feuerwehrfahrzeug, das vornehmlich zur Brandbekämpfung eingesetzt wird. Unterschieden wird hier in Löschgruppenfahrzeug (mit neun Leuten Besatzung) und Tanklöschfahrzeug (mit sechs Leuten Besatzung). In diesen Fahrzeugen sind alle feuerwehrtechnischen Geräte und eine motorbetriebene Feuerlöschpumpe untergebracht. Im Tanklöschfahrzeug befinden sich außerdem fest eingebaute Löschmittelbehälter.

- Von einer Schuhschachtel den Boden ausschneiden und in die Mitte der Schachtel versetzen: mit Klebeband an den Innenwänden der Schachtel befestigen.
- Eine kleinere Schachtel als Führerhaus wie beim „Drehleiterwagen" mit Fenstern, Türen und Blaulichtern ausstatten und vor die Schuhschachtel kleben.
- Aus dem Schuhschachteldeckel ca. 3 cm tiefe „Regalbretter" fertigen (den Deckel längs in 3 cm breite Streifen schneiden) und innen an den Längsseiten der Schachtel befestigen.

Nun kann die Ausrüstung mit Löschwerkzeugen erfolgen:
- Aus Lederbändeln oder Gummibändern Schläuche wickeln und in die Regale des Fahrzeuges legen.
- Ein Filmdöschen signalrot bemalen oder bekleben, ein Gummibändchen aufschneiden und als Schlauch auf den Deckel kleben; den so entstandenen Feuerlöscher in den Wagen räumen.
- Aus Schaschlikstäben und Streichhölzern tragbare Leitern zimmern.
- Aus Stoffresten kreisförmig kleine Sprungtücher ausschneiden.

Die Liste der Feuerwehrtechnischen Geräte wäre noch lang, aber als Grundausstattung dürfte das genügen...

Auch dieses Fahrzeug mit Achsen und Rädern versehen (s. o „Drehleiterwagen") und signalrot bemalen.

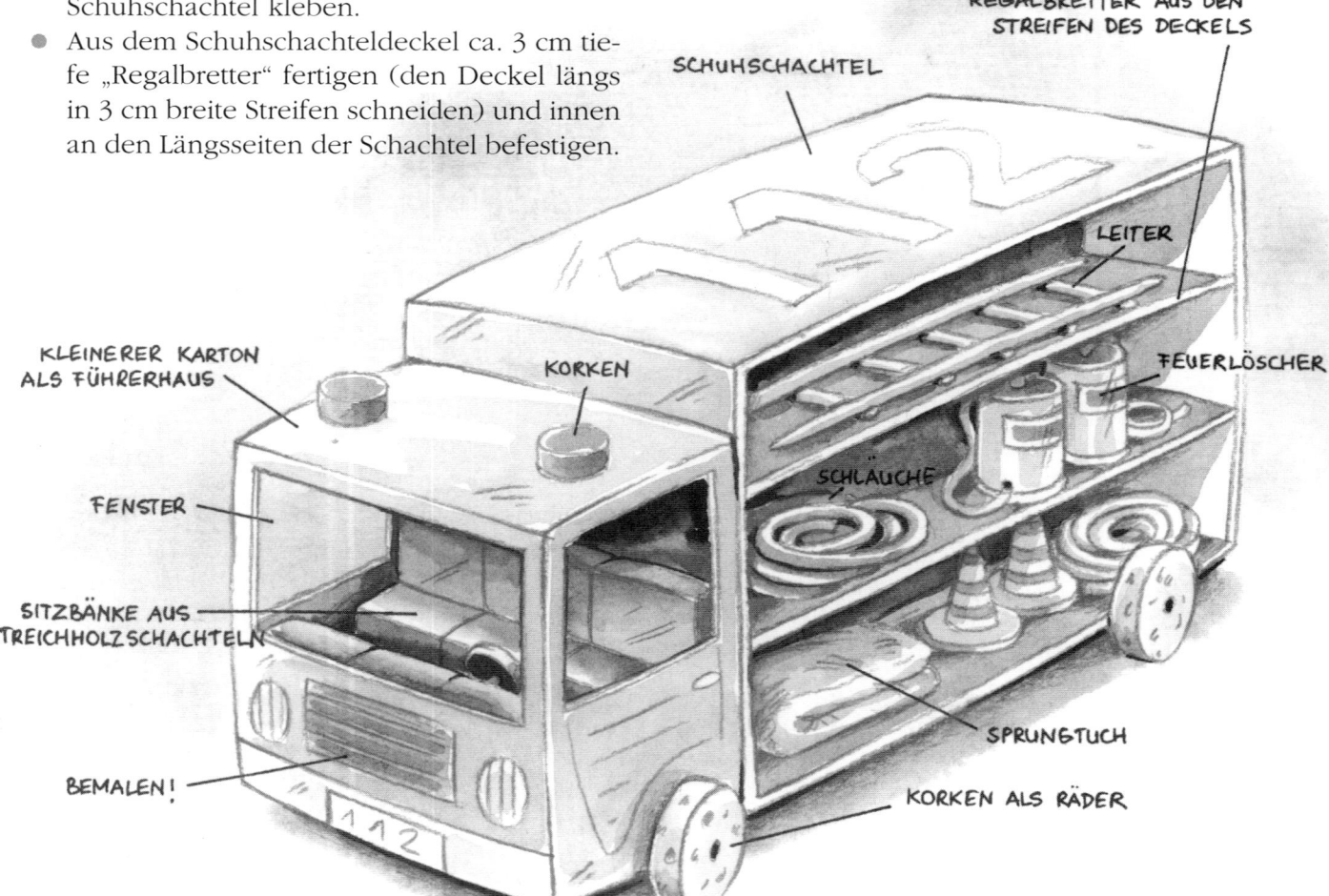

REGALBRETTER AUS DEN STREIFEN DES DECKELS

SCHUHSCHACHTEL

LEITER

FEUERLÖSCHER

KLEINERER KARTON ALS FÜHRERHAUS

KORKEN

SCHLÄUCHE

FENSTER

SITZBÄNKE AUS STREICHHOLZSCHACHTELN

SPRUNGTUCH

BEMALEN!

KORKEN ALS RÄDER

Ausrüstung der Feuerwache

Alle Gerätschaften, die die Feuerwehr für ihre vielfältigen Aufgaben benötigt, finden sich in der Feuerwache. Die Feuerwache von Berufsfeuerwehren ist rund um die Uhr besetzt. Hier arbeiten oft mehr als hundert Menschen und verrichten alle Tätigkeiten, die für die Organisation der Feuerwehr und die Wartung aller Gerätschaften nötig sind. Es gibt eine Reparaturwerkstatt für Geräte und Feuerwehrfahrzeuge, eine Waschhalle, in der alle Geräte, vor allem die Schläuche, nach einem Einsatz gesäubert werden, eine Halle, in der Atemschutzgeräte und Feuerlöscher wieder aufgefüllt werden, und vieles mehr.

Die Feuerwache ist gut zu erkennen an ihren großen Garagentoren, hinter denen die Feuerwehrfahrzeuge auf ihren Einsatz warten. In der Nähe der Fahrzeughalle befindet sich auch die Garderobe für die Schutzkleidung der Feuerwehrleute, da sich diese im Ernstfall in Sekundenschnelle umziehen müssen.

Das Herz der Feuerwache ist die Einsatzleitstelle. Sie ist überall in Deutschland unter der Telefonnummer 112 erreichbar. Hier sitzen Feuerwehrbeamte, die Brandmeldungen und Notrufe entgegennehmen. Sie geben im Ernstfall Alarm und dirigieren per Funk die Löschzüge an den Einsatzort. An Schaltpulten haben die hier tätigen Feuerwehrbeamten Kontakt zur Polizei und in Computern sind Stadtpläne und Einsatzpläne mit allen wichtigen Einzelheiten zu allen großen Gebäuden einer Stadt gespeichert. In der Feuerwache befinden sich auch Schulungsräume für den theoretischen Unterricht der Feuerwehrleute und bei Berufsfeuerwehren Schlafsäle für Feuerwehrleute, die in der Nacht Dienst haben.

Neben der Feuerwache steht oft ein hoher Turm, in dem die gereinigten Schläuche zum Trocknen aufgehängt werden.

Die Feuerwache

Material: große Kartons, Schuhschachteln, Scheren, Klebstoff, Knete, Rundholzstab
Alter: ab 4 Jahren

- In die großen Kartons ausreichend große Garagentore einschneiden, um die Feuerwehrfahrzeuge unterstellen zu können.
- Auf die Kartons Schuhschachteln kleben und die einzelnen „Räume" entsprechend ihrer Funktion (s.o.) mit kleineren Schachteln einrichten (Schlafräume, Schulungsraum, Einsatzleitstelle...)

Zwischen Schlafräumen und der darunter liegenden Fahrzeughalle ein kreisrundes Loch in den Kartondeckel schneiden, durch dieses einen Rundholzstab stecken, der auf dem Boden der Fahrzeughalle mit Knete verankert wird. Hieran rutschen die Feuerwehrleute im Notfall direkt in die Fahrzeughalle...

Neben der Feuerwache mit übereinandergestapelten kleineren Kartons einen Feuerwehrturm aufbauen.

Schutzkleidung – persönliche Ausrüstung

Zur Ausrüstung der Feuerwehr gehört an erster Stelle die eigene Schutzkleidung. Denn nach der Feuerwehrvorschrift gilt bei Einsätzen folgender Grundsatz:
Erst selbst sichern, Lage sichern, Menschen retten, Brandbekämpfung!

Feuerwehrhelm

Der Feuerwehrhelm schützt die Feuerwehrleute vor herunterfallenden Teilen. Der Helm ist bei einigen Feuerwehren auf dem Kopf noch einmal extra mit einer Brechkante verstärkt, so dass herunterfallende Steine daran zerbrechen. Im Nackenbereich ist ein spezieller Nackenschutz angebracht. Dieses Nackenleder verhindert, dass herabfallende Glut an den Hals oder zwischen Kleidung und Rücken gerät. Ein Kinnriemen verhindert das Verrutschen des Helms.

Material: Luftballon, Zeitungspapier, Schalen, Tapetenkleister, Tücher zum Abreiben der Hände, Lederreste, Schere, rote oder weiße Farbe, Hefter
Alter: ab 4 Jahren

Den Luftballon aufblasen und verknoten. Die Zeitungen in kleine Schnipsel reißen und in Schalen bereithalten.
Eine Schicht Kleister mit den Händen auf den oberen Teil (ca. 2/3) des Ballons auftragen, die Hände abwischen und die Kleisterfläche mit Zeitungsschnipseln bedecken.
Nach und nach gewinnt der Luftballon durch viele Schichten Kleister und Zeitungspapier eine gewisse Festigkeit.
Einen Lederstreifen von ca. 1 cm Breite als „Brechkante" auf die Mitte des Helmes in Längsrichtung legen und ebenfalls mit Kleisterpapier abdecken.

Den Kleisterballon 1 oder 2 Tage trocknen lassen. Dann unten in den Ballon pieksen, die Luft entweicht, der Ballon zieht sich zusammen und es bleibt der Feuerwehrhelm. Den Feuerwehrhelm mit der Schere in Form schneiden, so dass die Augen des Trägers frei bleiben, die Ohren aber bedeckt sind.
Den Helm mit Plakafarbe je nach Belieben rot oder weiß bemalen.
Aus den Lederresten ein Nackenleder von 10 x 30 cm ausschneiden und mit dem Hefter am hinteren Rand des Helmes befestigen.
Einen Kinnriemen aus Leder zuschneiden und auch diesen an den Helm heften.

Warnkleidung

Die Feuerwehr trägt Schutzanzüge aus schwer entflammbaren Stoffen. Es gibt Schutzanzüge gegen große Strahlungshitze, die mit Aluminium beschichtet sind. Bei Qualm- und Rauchentwicklung tragen Feuerwehrleute eine Atemschutzmaske mit Atemschutzgerät, da die hierbei entstehenden Dämpfe sehr giftig sind. Ein Chemikalienschutzanzug wird bei Unfällen auf Straßen mit Gefahrgutfahrzeugen oder gefährlichen Gütern benötigt. Zur Straßensicherung tragen Feuerwehrleute Warnkleidung aus gut sichtbarem Material. Die Westen besitzen reflektierende Silberstreifen, die im Dunkeln aus großer Entfernung gesehen werden können.

Material: alte Vorhänge o. Ä. (rot oder orange), Schere, weißer Fotokarton, schwarzer breiter Filzstift, Hefter, Alufolie, Klebstoff, Bleistift
Alter: ab 4 Jahren

Aus dem Stoff für jede Weste einen Streifen von 2 m Länge und 50 cm Breite zuschneiden. Den Stoff von der Länge her einmal falten und an der Faltkante einen Halsausschnitt von 25 cm Breite einschneiden.
Aus dem Fotokarton für jede Weste einen Streifen von 50 x 10 cm abschneiden. Mit dem schwarzen Filzstift mit großen Druckbuchstaben „Feuerwehr" schreiben. (Bei Kindern, die noch nicht schreiben können, die Buchstaben mit Bleistift vorschreiben.) Diesen Pappstreifen in Brusthöhe auf den vorderen Teil der Weste heften.
Jeweils zwei Streifen Alufolie von 50 x 5 cm zurechtschneiden und mit Klebstoff in 5 cm breiten Abständen vom unteren Rand der Weste auf Vorder- und Rückseite der Weste kleben.

WARN-KLEIDUNG

FEUERWEHRHELM: KLEISTERBALLON MIT NACKENLEDER

WESTE AUS STOFFRESTEN DIENT ALS WARNKLEIDUNG

GARTENHAND-SCHUHE

ALUFOLIE ALS SICHERHEITS-LEUCHTSTREIFEN

GUMMISTIEFEL ALS FEUERWEHRSTIEFEL

Feuerwehrschutzhandschuhe

Material: Gartenhandschuhe

Die Feuerwehr trägt bei Einsätzen Stulpenhandschuhe aus Leder mit sehr hohem Schaft. Wir nehmen zum Spielen einfach alte Gartenhandschuhe.

Feuerwehrstiefel

Material: Gummistiefel

Die Stiefel der Feuerwehr sind mit Stahlkappen und Stahlsohlen versehen, dass auch die Füße bei einem Einsatz gut geschützt sind. Wir verwenden zum Spielen Gummistiefel.

Die Feuerwehr in Aktion

Handfeuerlöscher

Die Feuerwehr bekämpft ein Feuer mit Wasser, Pulver, Schaum oder Kohlendioxid. Wasser kühlt die Glut, mit den anderen Mitteln wird die Luftzufuhr für das Feuer unterbrochen. Handfeuerlöscher gibt es in verschiedenen Ausführungen. Sie löschen mit Pulver, Schaum oder anderen Chemikalien. Brennende Flüssigkeiten werden meist mit Schaummitteln erstickt, brennende Elektrogeräte werden mit Pulvermitteln gelöscht. Handfeuerlöscher, die mit Wasser gefüllt sind, dürfen weder bei brennenden Flüssigkeiten noch bei brennenden Elektrogeräten verwendet werden.

Material: langer Nagel, Kerze im Kerzenständer, Streichhölzer, leeres Filmdöschen, Strohhalm, etwas Knete, 2 EL Spülmittel, 1-2 Brausetabletten
Alter: ab 6 Jahren

Den Nagel in die Kerzenflamme halten, bis er heiß ist (nicht die Finger verbrennen!). Mit dem heißen Nagel ein Loch für den Strohhalm in die Mitte des Deckels der Filmdose bohren. Ist das Loch groß genug, den Strohhalm hindurchschieben.
Die Fuge zwischen Strohhalm und Deckel mit Knete abdichten.
Den Strohhalm auf die Hälfte kürzen und abknicken, damit später nicht gleich aller Schaum austritt.
Für den Schaum das Filmdöschen zur Hälfte mit Wasser füllen und das Spülmittel hinzufügen. Nun die Brausetablette dazugeben, den Deckel schließen und kräftig schütteln.
Jetzt kann die Kerze mit dem Feuerlöscher gelöscht werden.

Kübelspritze

Kübelspritzen dienen hauptsächlich der Bekämpfung von Entstehungsbränden und kleineren Brandnestern. Die Kübelspritze besteht aus einem Metallgehäuse mit 10 Litern Fassungsvermögen. Oben befindet sich ein Tragegriff, der Deckel lässt sich halb öffnen. So kann die Kübelspritze jederzeit wieder mit Wasser aufgefüllt werden. Mithilfe einer Kolbenpumpe, die durch den feststehenden Teil des Deckels geführt ist, lässt sich Wasser ansaugen und wieder wegdrücken, die Pumpe ist also doppelt wirkend. Das angesaugte Wasser wird durch einen Schlauch weggedrückt. Dieser wird in Windrichtung zur Feuerstelle gehalten. Da solche Kolbenpumpen schwer im Handel zu bekommen und in der Anschaffung auch nicht billig sind, empfiehlt es sich, diese bei der ortsansässigen Feuerwehr für einige Tage auszuleihen, damit die Kinder durch eigene Handhabung ein einfaches Löschgerät der Feuerwehr selbst kennen lernen können. Da dies ganz dem Bildungsauftrag von Feuerwehren entspricht, wird dies problemlos machbar sein.

Material: Spaten, Steine, Zeitungspapier, Reisig, kleinere Weichholzäste, Kaminstreichhölzer, Kübelspritze, Wasser
Alter: ab 4 Jahren

Ein Lagerfeuer entzünden (s. S. 38).
Die Kübelspritze mit Wasser füllen. Alle Kinder dürfen nun die Kolbenpumpe betätigen und gemeinsam das Feuer wieder löschen.

⚠ Übrigens – auch bei der Feuerwehr gilt: Brandstelle erst verlassen, wenn das Feuer restlos aus ist. Sonst muss eine Brandwache zurückbleiben.

Eimerkette

Ist keine Kübelspritze vorhanden, wird ein großes Lagerfeuer mit mittelalterlichen Methoden gelöscht.

Material: jede Menge kleine Sandeimerchen, eine Wasserstelle (Wasseranschluss in der Außenanlage oder mit Wasser gefülltes Planschbecken), Lagerfeuer
Alter: ab 4 Jahren

Die Kinder sind Feuerwehrleute im Einsatz. Ein brennendes Lagerfeuer ist ihr Einsatzort.
Sie stellen sich von der Wasserstelle bis zum Lagerfeuer in einer Reihe auf. Ein „Feuerwehrmann" füllt die Eimer mit Wasser und gibt sie nach vorne weiter. Jeder Eimer wird von einem zum nächsten nach vorne weitergegeben.
Der Feuerwehrmann vor dem Lagerfeuer schüttet den ersten Eimer über dem Lagerfeuer aus und rennt damit zur Wasserstelle zurück.
Nun ist er an der Reihe das Wasser einzufüllen. Der vorhergehende „Auffüller" gliedert sich in die Reihe der Wasserschlepper hinten ein, die ganze Reihe geht ein Stück nach vorn.
Der vorderste Feuerwehrmann schüttet den zweiten Eimer Wasser ins Lagerfeuer und rennt ebenfalls zur Wasserstelle zurück...
Auf diese Weise durchläuft jeder Feuerwehrmann die Wassereimerkette vom Auffüllen der Eimer über das Schleppen bis zum Löschen des Lagerfeuers bis das Feuer ganz erloschen ist.

Wasser marsch

Wasser marsch heißt bei der Feuerwehr der Befehl zum Löschen.
Doch geht es bei einem Brand nicht nur darum, ein Feuer möglichst schnell zu löschen, sondern auch mit möglichst wenig Wasser. Ein wichtiger Grundsatz bei der Feuerwehr lautet: Nur so viel Wasser wie nötig verbrauchen. Denn nach einem gelöschten Brand ist oft der Wasserschaden höher als der Schaden, der durch das Feuer verursacht wurde.

Material: 4 Wassereimer, pro Kind ein Plastikbecher, Zollstock, Trillerpfeife
Alter: ab 4 Jahren

Die Kinder teilen sich in zwei Gruppen und bilden jeweils eine Wasserbecherkette.
Am Anfang steht jeweils ein gefüllter Wassereimer, am Ende ein leerer Eimer.
Ruft die Spielleitung „Wasser marsch" schöpfen die beiden vorderen SpielerInnen mit ihrem Becher Wasser aus dem Eimer und schütten das Wasser in den Becher des nächsten Spielers um. So wandert das Wasser von Becher zu Becher. Das letzte Kind in der Kette schüttet das noch übrig gebliebene Wasser in den leeren Wassereimer...
Pfeift die Spielleitung auf der Trillerpfeife, ist das Spiel beendet.
Gemeinsam messen sie nun den Wasserinhalt der neu gefüllten Wassereimer.
Und logisch: Die Gruppe, die am meisten Wasser transportiert hat, könnte auch ein Feuer am schnellsten und gezielt löschen!

Hydranten-Rallye

Das Hauptlöschmittel der Feuerwehr ist Wasser. Doch wo kommt das viele Wasser her? Befindet sich am Brandort ein See oder ein Fluss, wird das Wasser von dort mit einer Kreiselpumpe angesaugt. Sonst entnehmen die Feuerwehrleute das Wasser einem Hydranten. Das sind Wasseranschlüsse, die an vielen Straßen und Gehwegen zu finden sind.
Es gibt Überflurhydranten, die auf den ersten Blick zu erkennen sind. Meistens ist aber der Wasseranschluss unter der Straßendecke verborgen. Dann weisen rot umrandete Hydran-

tenschilder auf den genauen Standort des Hydranten hin. Oben links steht ein H für Hydrant, daneben steht eine Zahl, die den Durchmesser der Rohrleitung angibt. Zum Beispiel steht die Zahl 100 für hundert Millimeter – also weiß die Feuerwehr, dass diese Rohrleitung einen Durchmesser von 10 cm hat.

Unter diesen beiden Zeichen ist ein „T" gezeichnet. Die Zahl am unteren T-Strich gibt die Entfernung an, in der der Hydrant zu finden ist. Steht hier z. B. eine 6, muss man dem Schild den Rücken kehren und 6 Meter geradeaus laufen. Steht rechts oder links des „T" ebenfalls eine Zahl, z. B. eine 2, so ist der entsprechende Hydrant nach den 6 Metern 2 Meter weiter rechts oder links zu finden.

Material: evtl. Stadtplan, Bleistift, Zettelchen
Alter: ab 5 Jahren

Die Gruppe erforscht bei einem Gang durch die nähere Umgebung (des Kindergartens bzw. der Schule...) wo überall Wasseranschlüsse für die Feuerwehr bereitstehen. Ist ein Hinweisschild gefunden, lesen es die Kinder und machen den Standort des Hydranten ausfindig.

Wer Spaß daran hat, kann die gefundenen Hydranten in einen Stadtplan einzeichnen.

Feuerwehrleute beklagen oft, dass rücksichtslose Autofahrer ihr Fahrzeug auf einem Hydranten parken, der in einem Notfall dann nicht zur Verfügung stehen kann.

Wird ein solcher Parksünder von den Kindern ausfindig gemacht, können sie ihm ein Zettelchen an die Windschutzscheibe stecken mit dem Hinweis: „Sie parken auf einem Wasseranschluss für die Feuerwehr!"

Feuerwehrübungsspiel

Die Arbeit der Feuerwehr ist eine Gruppenleistung, die unter Zeitdruck geschieht. Sie kann nur dann erfolgreich zustande kommen, wenn jede/r Feuerwehrmann/frau zu einer bestimmten Zeit eine bestimmte Aufgabe erfüllt. Während eines Einsatzes bleibt keine Zeit für Diskussionen. Selbst die Sitzordnung im Feuerwehrauto ist nach bestimmten Aufgaben zugeteilt. So sitzt vorne der Maschinist, er lenkt das Fahrzeug, neben ihm der Einsatzleiter. Dahinter drei Leute mit den Buchstaben SAS und eine weitere Reihe mit der Buchstabenfolge AWWM. Die Buchstaben bedeuten Folgendes:
A = Angriffstrupp (2 Mann), W = Wassertrupp (2 Mann), S = Schlauchtrupp (2 Mann), M = Melder (1 Mann) und M = Maschinist (1 Mann).
So hat sich bei der Feuerwehr ein Merkvers zur Sitzordnung ergeben:
„Siehste August Siehste Alle Wollen Wir Mit."

Material: Turngeräte (Sprossenwand, Turnbank, dicke Turnmatten, Bodenmatte), Gartenschlauch mit Rolle oder Wellholz mit angeheftetem Geschenkband, Würfel, Klebeetikett, 8 Karteikärtchen, Stift, Taschenlampe, Klebeband, blaues Transparentpapier, Trillerpfeife, für jeden „Feuerwehrmann" (mind. 8) weite Latzhose oder alte Herrenhose mit Hosenträger, Warnweste, Schutzhelm, Gummistiefel, Gartenhandschuhe, außerdem Stoppuhr, zwei Köfferchen, Küchentrichter

Alter: ab 6 Jahren (mit Variante ab 4 Jahren)

Vorbereitung:

- Je nach vorhandenen Möglichkeiten eine Bewegungslandschaft aufbauen.
  Im **Turnraum:** Eine Turnbank so an eine Sprossenwand einhängen, dass die SpielerInnen sicher darauf zur Sprossenwand klettern können. Unter die Sprossenwand dicke Turnmatten legen, sie dienen während des Spiels als „Sprungretter". Eine Bodenmatte an die gegenüberliegende Seite der Turnhalle legen, diese wird im Spiel zum „Schlafraum der Feuerwehrleute".
  Eine weitere Turnbank als Garderobe der Feuerwehrleute neben den „Schlafraum" stellen.
  Ist kein Turnraum vorhanden, auf den nächst gelegenen **Spielplatz** ausweichen:
  Hier können das Klettergerüst und die Rutschbahn gleiche Dienste tun.
- Ist kein Gartenschlauch auf einer Rolle vorhanden, 10 m Geschenkband an einem Ende auf ein Wellholz tackern und aufrollen.
- Auf einen Zahlenwürfel ein Etikett kleben und mit der Notrufnummer der Feuerwehr 112 beschriften.
- Acht Kärtchen mit Buchstaben beschriften: 2 x **A**, 2 x **W**, 2 x **M**, 2 x **S**.
- Das Glas der Taschenlampe mit blauem Transparentpapier abdecken (bekleben).

Spielablauf:

Die SpielerInnen teilen sich in zwei Gruppen.
1. Gruppe: Vor Spielbeginn klettert ein Kind dieser Gruppe die Sprossenwand hoch, es wird von der Feuerwehr bei der anschließenden Übung gerettet.
Ein Kind sitzt mit dem vorbereiteten Würfel auf dem Boden; es ist der „Brandmelder". Ein anderes sitzt ihm als Anfang der „Telefonleitung" gegenüber und wartet, bis die 112 gewürfelt wird. Dann muss es die Brandmeldung durch Händedruck an die anderen weitergeben.
Mit dem Rücken zu diesem sitzen die restlichen SpielerInnen der Gruppe in einer Reihe. Sie halten sich so an den Händen, dass die linke Hand jeweils nach hinten zeigt und die rechte Hand nach vorne gestreckt ist zur linken Hand des nächsten Spielers. Das letzte Kind dieser Reihe ist die „Einsatzleitstelle". Es hält eine Trillerpfeife in der Hand, mit dieser löst es im Ernstfall Alarm aus.

2. Gruppe: Die zweite Gruppe (mind. acht Kinder) wird zur Feuerwehr. Die „Feuerwehrleute" legen auf einer Turnbank jeweils Gummistiefel, Latzhose, Warnweste, Gartenhandschuhe und Feuerwehrhelm bereit.

Sie bekommen von der Spielleitung einen Buchstaben mit Tesafilm an die Weste geheftet **– A, S, M, W**:

● Die A-Leute tragen im Einsatz die Sanitätsköfferchen

● die W-Leute tragen den Schlauch und rollen ihn beim Einsatzort ab,

● die S-Leute sichern die Turnbank

● die M-Leute tragen das Blaulicht (Taschenlampe) und den Küchentrichter und intonieren dabei laut „Tatü-Tata".

Bis zum Einsatz legen sich die Feuerwehrleute auf eine Turnmatte mit dem Gesicht nach unten, denn sie schlafen...

● Der Brandmelder beginnt zu würfeln. Nur ein Spieler der Alarmierungskette kann ihm dabei zusehen. Die Spielleitung wacht als Schiedsrichter und hält die Stoppuhr in der Hand.

● Würfelt der Brandmelder die 112, wird die Stoppuhr gedrückt und die Zeit läuft.

● Das vorderste Kind der Alarmierungskette drückt nun mit seiner rechten Hand die linke Hand des nächsten, dieses gibt den Händedruck weiter... Ist der Händedruck zum letzten Kind gewandert, löst dieses als „Einsatzleitstelle" mit der Trillerpfeife den Alarm aus.

Nun kommt Leben in die Feuerwehrleute:

● Sie springen von der Matte auf, rennen zu ihren Schutzanzügen und ziehen alles möglichst rasch, aber auch korrekt an.

● Sind alle angezogen, nehmen alle ihre entsprechenden Utensilien.

● Die Gruppe stellt sich in der richtigen Reihenfolge auf: ganz vorne der Maschinist, dann SAS und dahinter AWWM.
Dabei ruft die Gruppe laut „Siehste August siehste, alle wollen wir mit!"

● Mit Tatü-Tata von den M-Leuten geht es rüber zur Einsatzstelle.
Dort wird zuerst die Lage gesichert (alle Feuerwehrleute halten die Hand über die Augen und blicken rechts und links)

● die S-Leute sichern die Turnbank,

● die A-Leute stellen ihr Köfferchen ab, klettern die Turnbank hoch, geben dem dort wartenden Kind per Handschlag das Zeichen, dass es auf den „Sprungretter" springen kann und springen selbst auch auf Turnmatten.

● Die W-Leute rollen den Schlauch auf, klettern damit ebenfalls die „Feuerwehrleiter" hinauf und „löschen" das „Sprossenwand-Feuer".

Nun ist die Übung zu Ende, die Spielleitung drückt die Stoppuhr und verkündet die verstrichene Zeit.

Die Gruppen wechseln und weiter geht es mit dem Feuerwehrübungsspiel...

Variante: Für Kinder, die noch nicht lesen können wird das Spiel vereinfacht:
Es gibt keine Buchstabenkärtchen und keine unterschiedlichen Aufgaben bei der Gruppe der Feuerwehr. Bei Alarm ziehen alle schnell ihre Schutzkleider über und rennen gemeinsam zum Einsatzort. Dort klettern sie hintereinander die Turnbank hoch und springen auf die Turnmatten. Sind alle Kinder runtergesprungen, gemeinsam den Schlauch abwickeln. Dies ist das Ende der Übung.

Florian 1 an Florian 2 – Bitte melden!

Die Feuerwehr ist untereinander mit Funkgeräten verbunden, so sind sie unabhängig vom Telefonnetz. Jedes Fahrzeug hat eine eigene Funkrufnummer, unter der es erreichbar ist, z. B. „Florian 7" oder „Florian 5". Den Funknamen Florian wählte die Feuerwehr, weil der heilige Florian der Schutzpatron der Feuerwehr ist. Der heilige Florian wurde der Legende nach im Jahr 304 von römischen Legionären in der Enns, einem Fluss in Österreich, ertränkt, nachdem er sich zum Christentum bekannte und 40 weitere von den Römern verfolgte Christen retten wollte. In seinen Taten sahen die ersten Feuerwehrmänner die Tugenden der Nächstenliebe, Treue, Hilfsbereitschaft und Verlässlichkeit verwirklicht.
Da der Funkverkehr nicht von unnötig langen Gesprächen überlastet sein darf, gibt es bei der Feuerwehr verkürzte feststehende Meldungen, so genannte FMS (Funk-Melde-Signale), die jedem Feuerwehrmitglied vertraut sind.

So bedeutet die Zwei: das Fahrzeug ist einsatzbereit; die Drei: das Fahrzeug befindet sich auf der Anfahrt; die Vier: das Fahrzeug ist am Einsatzort eingetroffen; und die Eins: das Fahrzeug befindet sich auf der Rückfahrt.

Material: keins
Alter: ab 8 Jahren

Die SpielerInnen sitzen im Stuhlkreis. In der ersten Runde zählen sie einmal durch und merken sich dabei ihre Zahl – die persönliche Funkrufnummer. Wer im Kreis beispielsweise die Zahl Acht hat, meldet sich im Spielverlauf immer als „Florian 8".

Die Spielleitung beginnt das Spiel, indem sie z. B. meldet: „Florian 1 an Florian 4 bitte melden!" Florian 4 meldet sich: „Hier Florian 4: einsatzbereit" und funkt weiter an den nächsten Spieler seiner Wahl...
Die SpielerInnen werden im Verlauf des Spieles mehrmals angefunkt und passen ihre Meldung entsprechend an.
So lautet die Meldung z. B. beim
1. Funkruf: „Hier Florian 4, einsatzbereit!"
2. Funkruf: „Hier Florian 4, auf der Anfahrt!"
3. Funkruf: „Hier Florian 4, eingetroffen!"
4. Funkruf: „Hier Florian 4, auf der Rückfahrt!"
Wer das 4. Mal angefunkt wurde, macht seine Meldung und setzt sich vor seinen Stuhl auf den Boden. Mit ihm scheidet der Funker aus, der ihn zuletzt angefunkt hat.
Der rechte Nachbar übernimmt den Funkverkehr...
Ruft ein „Funker" einen Florian, der bereits aus dem Spiel ist, muss er ebenfalls ausscheiden. Wiederum übernimmt der rechte Nachbar den Funkverkehr...
Mit der Zeit wird es immer kniffliger, welcher „Florian" noch im Spiel ist und welcher sich womöglich gleich auf der Rückfahrt befindet.

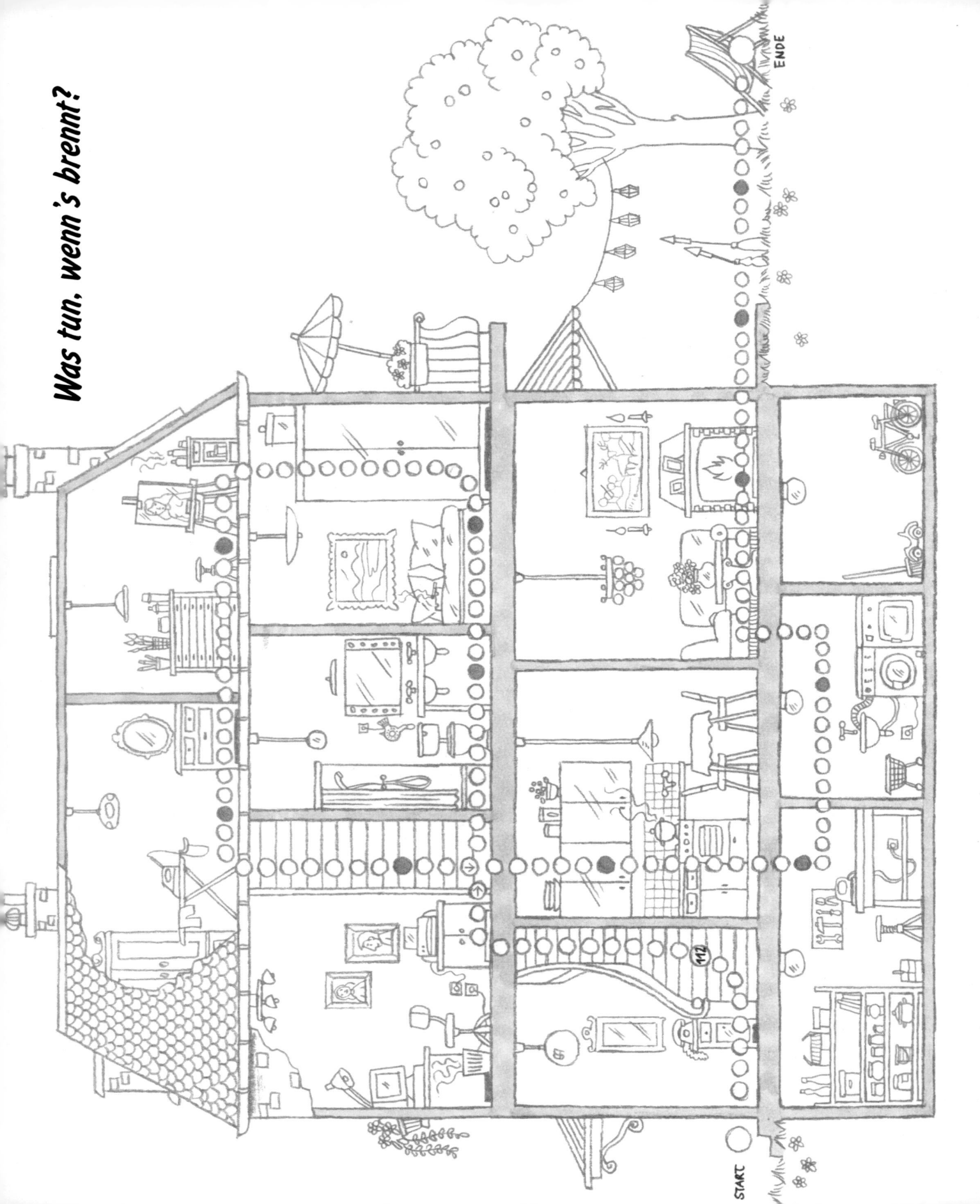

Was tun, wenn's brennt?

START

ENDE

112

Was tun, wenn's brennt? – Brettspiel

Als Hintergrundliteratur für dieses Spiel eignet sich besonders „Brandschutzerziehung in Schulen", erschienen in der Reihe: Die Roten Hefte, Kohlhammer Verlag 1997.

Material: vergrößerte Kopie des Spielplans, pro SpielerIn ein leeres Filmdöschen oder Becher mit Deckel (z. B. Jogurtbecher) und ein Strohhalm, rote Farbe, Pinsel, Filzstifte, weiße Klebeetiketten, Scheren, kohlensäurehaltiges Getränk nach Wahl, zwei rote Spielzeugtelefone (oder rote Schachteln mit aufgemalten „Wahltasten" o. Ä.), Zahlenwürfel, pro SpielerIn eine Spielfigur, Sprudel
Alter: ab 8 Jahren (mit Variante ab 4 Jahren)

Spielvorbereitung:

Die SpielerInnen gestalten jeweils ein Filmdöschen (Becher) zum Handfeuerlöscher: Sie malen ihr Filmdöschen (ihren Becher mit Deckel) rot an und lassen ihn trocknen oder verkleiden ihn mit rotem Papier.

Durch den Deckel bohren sie mit der Schere ein Loch, durch das der Strohhalm passt. In die Filmdöschen (Becher) kommt später Sprudel mit Kohlensäure, denn das ist ja ein bekanntes Löschmittel der Feuerwehr.

Während dessen sammeln die SpielerInnen im Gespräch typische Feuergefahrenquellen, die im Haushalt lauern können. Die Spielleitung notiert die Stichworte. Dabei spielt es keine Rolle, ob sich die genannten Gefahren auf Zeiten (Weihnachten...), Gegenstände (Streichhölzer...) oder Tätigkeiten (grillen...) beziehen.

Erfahrungsgemäß sind die häufigsten Nennungen: kochen, rauchen, schweißen, Weihnachten, Christbaum, Adventskranz, Feuerwerk, Silvester, Fasching, Fernseher, Benzin, Gas, Grillen, zündeln, bügeln, Ofen, Kerzen, Feuerzeug, Kurzschluss, Gewitter...

Gemeinsam übertragen die SpielerInnen die genannten Brandgefahren in die einzelnen Räume des Spielplanes: sie zeichnen sie jeweils symbolhaft auf ein Klebeetikett und kleben dieses auf eines der Spielfelder im entsprechenden Raum.

Beispiele:
Herd (kochen), Bügelbrett (bügeln) in die Küche,
Weihnachtsbaum, Adventskranz in das Wohnzimmer,
Grillen oder Feuerwerk in den Garten...
Zusätzlich kleben sie in jedem Raum auf ein Feld ein Klebeetikett mit der Notrufnummer 112 der Feuerwehr.

Bei der Ausgestaltung des Spielplanes überlegen die SpielerInnen gemeinsam, welche Schutzmaßnahmen im Umgang mit den Gefahrenquellen sinnvoll sind.
Die Spielleitung listet alles auf, z. B.:
Bügeln – Bügeleisen nie unbeaufsichtigt angeschaltet lassen, Bügeleisen immer auf die entsprechende Halterung stellen, nie auf der Bügelwäsche stehen lassen...

Spielbeginn:

Der gestaltete Spielplan liegt in der Mitte.
Daneben steht ein Telefon.
In der Feuerwache (bei der Spielleitung) stehen ebenfalls ein Telefon und die mit Sprudel gefüllten Handfeuerlöscher der SpielerInnen bereit.
Die SpielerInnen stellen ihre Spielfiguren an der Haustür auf. Es beginnt der jüngste Spieler, gewürfelt wird reihum.

Spielablauf:

Die SpielerInnen würfeln und ziehen ihre Spielfigur entsprechend der Augenzahl.

- Stehen zwei Figuren auf einem Feld, ist das eben so – zuhause steht man sich auch manchmal auf den Füßen.
- Wer auf ein **Ereignisfeld** mit einem Symbol kommt, zählt auf, welche Brandschutzmaßnahmen bei dieser Gefahrenquelle zu ergreifen sind.

Ist die Antwort ausreichend (Alter der Kinder beachten), bekommt das Kind von der „Feuerwache" (Spielleitung) seinen Feuerlöscher – es darf seinen Durst löschen.

Ist die Antwort falsch oder fällt keine passende Antwort ein, heißt es 1 x aussetzen.

- Wer auf das **Notruffeld** mit der 112 kommt, ergreift schnell das Telefon und verhält sich nach Vorschrift der Feuerwehr:
  1. Ruhe bewahren;
  2. auf dem Telefon die 112 wählen (nun meldet sich die Feuerwache);
  3. den Namen und den Ort nennen, wo es brennt;
  4. die Frage(n) der Feuerwache beantworten und wieder auflegen.

Hat sich das Kind richtig verhalten, gibt es auch hierfür von der Feuerwache den kleinen Feuerlöscher zum Durstlöschen.

Hat sich das Kind falsch verhalten, z. B. die Frage der Feuerwache nicht richtig beantwortet, heißt es: 3 Felder zurück.

Spielende:

Wer den ganzen Spielplan erfolgreich durchlaufen hat, setzt die Spielfigur in den Liegestuhl, nimmt sich seinen Feuerlöscher, ruht sich aus und lässt sich von der Sonne verwöhnen, bis auch die anderen SpielerInnen nachkommen...

Variante ab 4 Jahren: Die Spielleitung beklebt einen Zahlenwürfel auf drei Seiten mit der „112" und übernimmt als „Feuerwache" ein Telefon. Das andere Telefon steht in der Mitte des Tisches. Gewürfelt wird reihum. Wer die 112 würfelt, nimmt den Telefonhörer ab und wählt die 112. Es meldet sich die Feuerwache. Der Anrufer nennt den Namen und den Ort, wo es brennt. Er wartet ab, ob die Feuerwache noch Fragen hat. Die Feuerwache gibt wichtige Tipps. Gemeinsam legen sie nach Beendigung des Gespräches auf.

Besuch bei der Feuerwehr

Ein Besuch bei der ortsansässigen Feuerwehr kann nun das Thema „Feuerwehr" abrunden. Sicher sind die Kinder ganz wissbegierig, wie es nun wirklich bei „ihrer" Feuerwehr aussieht und sicher wundern sich die Feuerwehrleute über so viele kompetente Fragen oder Antworten der kleinen „Floriansjünger".

FEUERBRÄUCHE IM JAHRESKREIS

Frühling, Sommer, Herbst und Winter führen uns durch das Jahr. Abhängig ist der immer während Kreislauf der Natur vom jeweiligen Stand der Sonne. Überall auf der Welt begleiten die Menschen seit alters her den Jahreskreis mit vielen Festen. Bei allen Jahresfesten steht das Feuer im Mittelpunkt des Feierns, da das Feuer als heilig galt und mit ihm Gott selbst verehrt wurde. Auch in der christlichen Tradition, in der Gott in vielen Bildern und Gleichnissen durch das Feuer symbolisiert wird, finden wir bei jedem Kirchenfest das Kerzenlicht als Zeichen für das Feuer, sei es an Weihnachten, Ostern oder Pfingsten.

Ursprünglich gab es acht Jahreskreisfeste, sie spiegelten die wesentlichen Naturvorgänge wider: Wintersonnenwende am 21. Dezember (Zeit um Weihnachten), Lichtmess am 2. Februar (Zeit um Fastnacht), Frühjahrs-Tagundnachtgleiche am 21. März (Zeit um Ostern), Walpurgis am 14. Mai, Sommersonnwende am 21. Juni (Zeit um Pfingsten), Schnitterinnenfest am 14. August (Kräuterweihe), Herbst-Tagundnachtgleiche am 23. September (Zeit um Erntedank) und Halloween/Ahninnenfest am 24. Oktober (Totensonntag, Martinsfest).

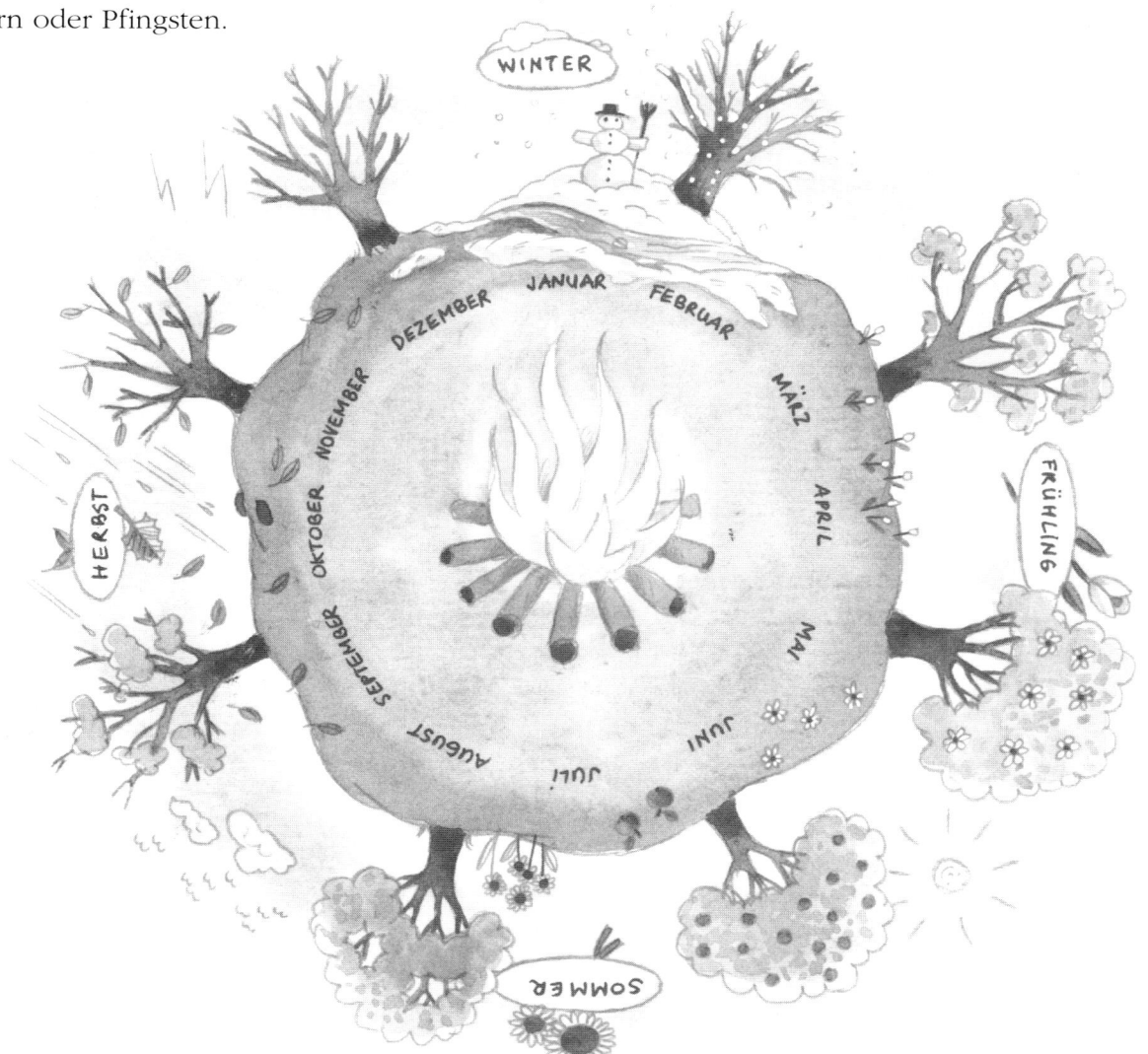

111

Wintersonnenwende – Jahreswechsel

Die Wintersonnenwende am 21. Dezember war das erste Fest im Jahreskreis und zugleich auch das letzte. Mitten im Winter endet der Jahreskreis in der tiefsten Dunkelheit, mit der längsten Nacht – und beginnt in diesem Augenblick neu: Von jetzt an nimmt das Licht wieder zu, werden die Tage wieder länger. Gefeiert wurde die Geburt des Lichtes. Im christlichen Weihnachtsfest finden wir die Wintersonnenwende im brennenden Licht am Weihnachtsbaum wieder, als Sinnbild für das in der Welt erschienene Licht Christus.

Räucheröfchen

Der Weihnachtsgruß an Freunde und Verwandte wird oft begleitet mit dem Wunsch nach geruhsamen Tagen „zwischen den Jahren". Tatsächlich waren die Tage zwischen dem 24. Dezember und den „Heiligen Drei Königen" (6. Januar) immer ganz besondere. Im Brauchtum sprach man von den zwölf Rau- oder Rauchnächten. Dies hat weniger zu tun mit den rauen Nächten zur Winterszeit; vielmehr wurde angenommen, dass in diesen Nächten das Dunkle mit dem Hellen, dem aufsteigenden Licht, kämpft. In dieser Zeit wurde im Haus Weihrauch verbrannt gegen böse Geister, und der Bauer zog mancherorts durch Haus, Hof und Stall und segnete alles. In katholischen Gemeinden führen die Sternensinger die Tradition des Räucherns fort, sie übernehmen auch die Segnung der Häuser.

Material: 3 Aluschälchen von Teelichten, Schere, feuerfeste Unterlage (Unterteller), Räucherkegelchen, Streichhölzer
Alter: ab 4 Jahren

1. Den Rand eines Aluschälchens im Abstand von 1 cm zweimal einschneiden und ausklappen. Dies ist die Ofenklappe des Räucherofens.
2. In den Boden des zweiten Aluschälchens ein kleines Loch bohren in der Stärke eines Bleistiftes. Hierein wird das Ofenrohr gesteckt.
3. Aus dem Rand des dritten Schälchens einen ca. 2 cm langen Streifen schneiden, längs zu einem Ofenrohr zusammendrehen (mit Hilfe eines Bleistiftes) und in das Loch des zweiten Schälchens stecken.

Das Schälchen mit Ofenklappe auf eine feuerfeste Unterlage stellen. Hierauf das Räucherkegelchen setzen und anzünden.

Das zweite Schälchen mit Ofenrohr umgedreht als Oberteil des Ofens aufsetzen. Durch die Ofenklappe zieht Luft in den Ofen, so dass das Räucherkegelchen brennen kann. Der Rauch zieht durch das Ofenrohr ab und die Kinder können durch die kleine Ofenklappe die Glut des Räucherkegelchens glimmen sehen.

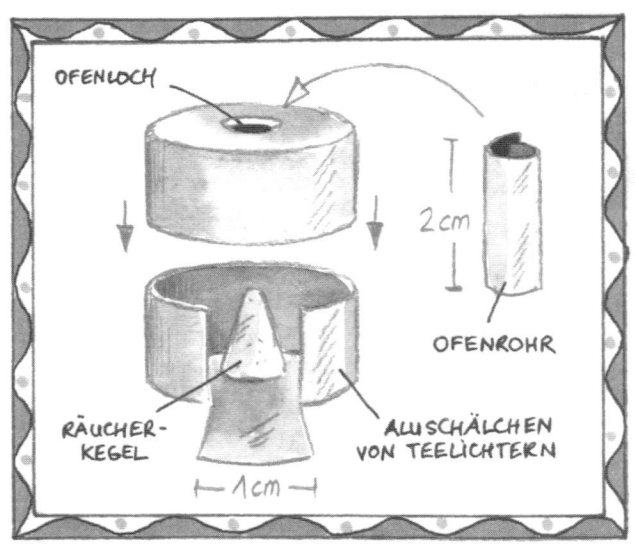

Weihnachtsduft

Ätherische Öle verbreiten nicht nur einen angenehmen Duft im Raum, sie wirken auch luftreinigend.

Material: Holzscheibe, drei lange Zimmermannsnägel, Hammer, kleine Schale, Teelicht, Wasser, ätherische Öle (Naturkostladen, Apotheke)
Alter: ab 4 Jahren

Die drei Nägel in Dreiecksform in einem solchen Abstand in die Holzscheibe einschlagen, dass zum einen die Schale sicher von den Nägeln getragen werden kann und zum anderen auch ein Teelicht zwischen die Nägel passt.
Das Teelicht in die Mitte zwischen die Nägel stellen und entzünden.
In die Schale etwas Wasser und drei Tröpfchen ätherisches Öl geben und sie vorsichtig auf die drei Nägel stellen.
Das Öl verdampft im erwärmten Wasser und verbreitet seine wohltuende Wirkung.
Am besten eignet sich an Weihnachten der Geruch von Weißtanne, Orange oder Zimt.

Schneelichter

Wenn im Winter Schnee fällt, dann ist neben Schlittenfahren und einer Schneeballschlacht das Bauen von Schneelichtern am frühen Abend eine reizvolle Beschäftigung für Kinder.

Material: Schnee, Teelichte, Streichhölzer
Alter: ab 4 Jahren

Vor dem Haus kleine Höhlen oder Iglus in den Schnee bauen und die Teelichte hineinsetzen. In der Dunkelheit wirken die Schneelichter ganz zauberhaft!

Das Silvester-Ratatam

Text: S. Steffe
Musik: W. Bender

26

Wenn das Jahr zu En - de geht, dann fei - ern wir Sil - ves - ter. Zum

Ab - schied gibt's ein Feu - er - werk, prost Neu - jahr, lie - be Gäs - te.

Auf Wie - der - sehn du al - tes Jahr, bist wirk - lich schön ge - we - sen.

Um Mit - ter - nacht geht's end - lich los mit Böl - lern und Ra - ke - ten.

Auf Wie - der - sehn du al - tes Jahr. Sil - ves - ter - Ra - ta -

tam, Sil - ves - ter - Ra - ta - tam, das neu - e Jahr fängt an.

Will - kom - men schö - nes neu - es Jahr, Sil - ves - ter - Ra - ta -

tam, Sil - ves - ter - Ra - ta - tam, ich knall so laut ich kann.

Wenn das Jahr zu Ende geht
Dann feiern wir Silvester
Zum Abschied gibt's ein Feuerwerk
Prost Neujahr, liebe Gäste!
Auf Wiedersehn du altes Jahr
Bist wirklich schön gewesen
Um Mitternacht geht's endlich los
Mit Böllern und Raketen.

114

Refrain:
Auf Wiedersehn du altes Jahr – Silvester-Ratatam
Silvester-Ratatam – das neue Jahr fängt an
Willkommen schönes neues Jahr – Silvester-Ratatam
Silvester-Ratatam – ich knall so laut ich kann.

Dichter Rauch und lautes Lachen
Wenn es donnert, blitzt und kracht
Strahlend bunte Lichter funkeln
Tausendfach in dieser Nacht
Kinderaugen leuchten fröhlich
Nur der Hund hat sich versteckt
Ja, was hat ihn wohl vertrieben?
Und was macht er unter'm Bett?

Der Feuerblock

Ein alter Brauch ist die Verbrennung des Christblocks im offenen Feuer, belegt aus dem Jahre 580. An Heiligabend wurden in vielen Ländern Europas ca. 70 cm eines dicken Baumstammes abgesägt und im Kamin ins offene Feuer gelegt. Mancherorts brannte er die 12 Rauchnächte durch. Mit der Asche des Holzklotzes wurden in vielen Gegenden die Felder gesegnet.

Material: Lampenöl, Motorsäge, dicker Holzklotz (ca. 1 m hoch), Streichhölzer

⚠ Nur von Erwachsenen herzustellen und zu entzünden!

Ein solcher Feuerblock bietet sich als besondere Attraktion für die Sylvesternacht an. Am Abend im Freien entzündet, hält das Feuer mühelos bis Mitternacht zum Neuen Jahr durch.
Den Holzklotz aufrecht hinstellen. Mit der Säge von oben ein 50 cm tiefes, breites Kreuz in die Baumscheibe einsägen.

In die Mitte des Kreuzes Lampenöl gießen und entzünden. Das Feuer brennt in der Mitte des Klotzes langsam über Stunden hinweg ab.
Dies sieht sehr schön aus und nicht nur die Kinder stehen in der Sylvesternacht gerne um den Feuerblock herum.

⚠ Auf sicheren Stand des Klotzes achten. Nicht in der Nähe von leicht brennbaren Materialien aufstellen.
Dafür sorgen, dass der brennende Holzklotz immer bewacht ist.

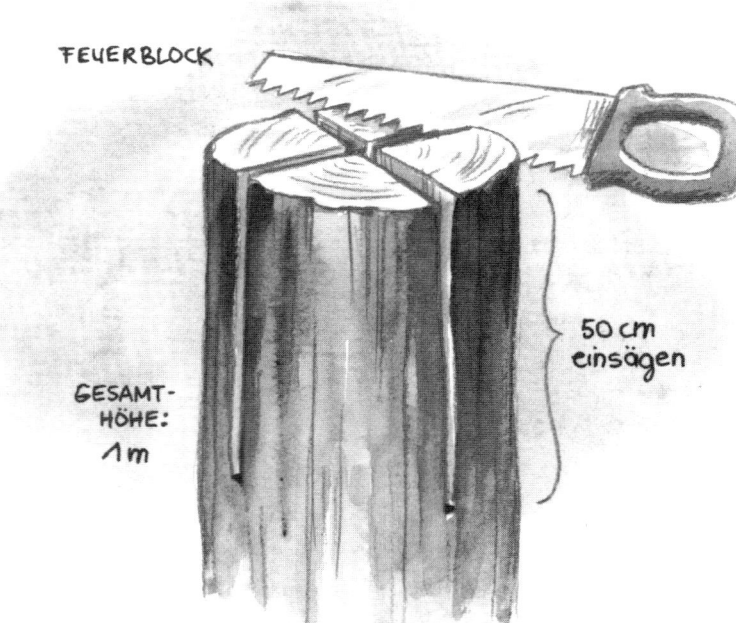

FEUERBLOCK

50 cm einsägen

GESAMT-HÖHE: 1 m

Feuerwerk zum Jahres-wechsel

Der römische Kalender hat unseren Jahresbeginn festgelegt, andere Kulturen kennen einen anderen Jahresanfang. Damit der römische Kalender aufgeht, entstanden die 12 Tage „zwischen den Jahren", in denen, so der Volksglaube, allerlei Geister ihr Unwesen trieben. Ihnen begegnete man mit Krach und Getöse, um sie fern zu halten. Außerdem gab es den Volksglauben, je größer der Krach an Neujahr sei, umso fruchtbarer werde das kommende Jahr.

Das Schießpulver, das zur Herstellung von Raketen verwendet wird, stammt ursprünglich aus China. Durch den Handel mit China kannten die Araber die Herstellung von Schießpulver und Raketen, die sie nach Europa brachten. Dort diente das Pulver zuerst nur kriegerischen Zwecken. Von der ersten Feuerwerksrakete wird 1379 berichtet.

Zwischen dem 16. Und 18. Jh. fertigten Feuerwerker ganze Festungen, Schlösser und andere Bauten aus Holz und Pappe, die sie beim Feuerwerk unter farbenprächtigem Funkenregen abfackelten.

Material: flache Holzscheibe (Durchmesser etwa 30 cm), Handbohrer, mehrere Rundhölzer (ca. 20 cm lang und 2–3 cm dick), Nägel, Hammer, für das Feuerwerk Wunderkerzen, bengalisches Feuer oder Traumsterne (im Handel nachfragen), Streichhölzer

Alter: ab 5 Jahren

- In die Mitte der Holzscheibe mehrere Löcher bohren.
- In die Mitte der Rundhölzer (obere Schnittfläche) jeweils ein Loch bohren.
- Die Rundhölzer mit der unteren Schnittfläche um den Rand herum auf die Holzscheibe setzen und von unten festnageln.

Den Feuerwerksbau mit Feuerwerk bestücken: In die Löcher der Holzscheibe Traumsterne oder Wunderkerzen stecken, in die Löcher der Rundhölzer bengalisches Feuer.

Die Kinder zünden ihr Feuerwerk von oben nach unten an.

⚠ **Das Feuerwerk darf nur im Beisein von Erwachsenen entzündet werden!**

Hinweis: Auch wenn der Handel einige Feuerwerke für Kinder bereithält – Erwachsene müssen auf den sachgerechten Umgang achten: Nur im Freien oder über einer feuerfesten Unterlage verwenden. Brennende Wunderkerzen nicht in die Nähe von Kleidern und brennbaren Sachen halten und stets nur einzeln anzünden.

Die Zukunft aus dem Ei

In der Neujahrsnacht versuchen die Menschen etwas über die Zukunft zu erfahren. Dazu bedienen sie sich verschiedener Orakel.

Bis heute erhalten blieb das Bleigießen. Wer kein Blei hatte, der schlug ein rohes Ei auf und goss es in kochendes Wasser. Die Form des geronnenen Eiweißes sollte Auskunft über die Zukunft geben.

Material: Wasser, Topf, Eier, Schüsselchen, Löffel, Teller

Alter: ab 3 Jahren (mit Hilfe)

Das Wasser im Topf zum Kochen bringen.

In der Zwischenzeit schlagen die Kinder ihr Ei jeweils in ein Schüsselchen auf.

Nacheinander schütten die Kinder ihr Ei (immer nur eins!) vorsichtig in das heiße Wasser. Warten, bis es stockt, mit einem Löffel herausfischen und auf einen Teller legen.

Alle WahrsagerInnen begutachten das Ergebnis und lassen nun in Ruhe ihrer Phantasie freien Lauf...

Winteraustreiben mit Mummenschanz

Am 2. Februar wird im Kirchenkalender Lichtmess gefeiert. Bei diesem Fest erhalten die Gläubigen in der Kirche geweihte Kerzen für zu Hause. Das Fest geht auf vorchristliche Reinigungsfeiern im alten Rom zurück, bei dem an das römische Volk Fackeln verteilt wurden. Lichtmess war bei den Germanen das zweite Jahreszeitenfest.

Viel bekannter als Lichtmess sind die Fastnachtsbräuche in dieser Zeit, die Frühlingsbräuche aus vorchristlicher Zeit überliefern. Dabei zogen am Vorabend vor Aschermittwoch, als Beginn der Fastenzeit vor Ostern, schon im Mittelalter vermummte Gestalten mit Trommeln, Peitschen und Klappern durch die Straßen. Karneval in Köln wird das erste Mal 1234 erwähnt, doch auch in Münster zogen städtische Zünfte zur Fastnacht bereits im Jahre 1609 durch die Straßen der Stadt.

Der Februar galt in germanischer Zeit als Frauenmonat. Darum wird so ausgiebig „Weiberfasnacht" gefeiert. Dass der Februar ein Reinigungsmonat ist, zeigt sich an Aschermittwoch, an dem Priester den Gläubigen Asche aufs Haupt streuen – ein Zeichen für das reinigende Feuer. In der anschließenden Fastenzeit wird der Körper gereinigt. Nach Aschermittwoch werden in vielen Regionen Feuerräder vom Berg gerollt, Fackeln über die Felder getragen oder große Reisighaufen („Funken") entzündet.

Es schließen sich in verschiedenen Regionen Frühlingsfeste an. Bei diesen bis heute überlieferten Volksbräuchen steht der Kampf von Winter und Sommer im Mittelpunkt. Dieser endet mit der symbolischen Überwindung des Winters, oft bildlich dargestellt durch eine Strohpuppe, die in einem Feuer verbrennt.

Faseküchle

Pfannkuchen oder Krapfen spielten früher im Volksglauben eine große Rolle; es gab sie als klassische Opfergaben an allen hohen Festtagen. Sie bestehen ausschließlich aus weißen Substanzen und sollen dadurch zu den Lieblingsspeisen von Geistern gehören. Den ersten fertigen Krapfen verschenkte man an den Hund oder die Katze. Dann nämlich sollten alle folgenden besser gelingen. Früher hieß es: „Wer an Fastnacht keine Krapfen backt, wird das ganze Jahr über nicht froh."

Zutaten:

40 g Hefe, etwas Milch, 1 kg Mehl, 2 Eier, 2 Eigelbe, 1 TL Salz, 1 EL Zucker, etwas Rum, Gabel, Wellholz, Glas oder Messer, Brettchen oder Backblech, Handtuch, Pflanzenfett zum Ausbacken, halbhoher Topf mit Deckel (am besten gusseisern), rohe Möhre, Küchenrolle, Puderzucker

Zubereitung:

- Hefe in lauwarmer Milch auflösen. Das Mehl auf eine Arbeitsplatte geben, in der Mitte eine Mulde frei machen und die Eier, Eigelbe und die Hefe dazugeben. Zucker und Salz darüber streuen und etwas Rum dazugeben, dann nimmt der Teig beim Ausbacken nicht so viel Fett an. Mit einer Gabel alle Zutaten mit dem Mehl vermengen und mit den Händen einen Hefeteig kneten.
- Den Teig ausrollen, mit einem Glas entweder runde Taler ausstechen oder mit dem Messer diagonal in Streifen schneiden, so dass rhombenförmige Krapfen entstehen.
- Die Krapfen auf ein bemehltes Brett oder Blech legen, mit dem Küchenhandtuch abdecken und eine Weile gehen lassen.

- Das Pflanzenfett erhitzen. Es ist heiß genug, wenn sich beim Reinhalten des Stielendes eines Holzlöffels kleine Bläschen bilden! Eine Scheibe rohe Möhre in den Topf geben, dann wird das Fett nicht so schnell schwarz.
- Ist der Teig aufgegangen, die Unterseite des Krapfens auf das heiße Fett geben, den Deckel des Topfes schließen und ausbacken.
- Ist die erste Seite gebacken, den Krapfen mit einer Gabel wenden und die zweite Seite bei offenem Topf ausbacken.

Die Krapfen herausnehmen und auf Küchenpapier abtropfen lassen, anschließend in Puderzucker wenden.

Fasenacht die Pann' kracht

Material: alle verfügbaren Töpfe, Topfdeckel, Pfannen, Kochlöffel, Faseküchle
Alter: ab 4 Jahren

Wie gerne Kinder die Faseküchle oder Fastnachtskrapfen gegessen haben, zeigt nachfolgender Vers aus dem süddeutschen Raum:

Fasenacht die Pann' kracht,
Wenn mei Mutter Küchle backt,
Küchle raus, Küchle nei,
Küchle wolle gebacke sei,
Wenn mei Mutter kei Küchle backt,
Dann pfeif' ich auf die Fasenacht!

Den Vers im Sprechgesang immer lauter werdend wiederholen. Dazu mit den Töpfen und Pfannen rhythmisch klopfen. – Das ist Geistererschreckender als jeder Rummelpott! Danach gibt's natürlich Faseküchle. Doch der erste gehört der Katz'!

Osterfeuer – Frühlingsfeuer

Als drittes Fest im Jahreskreis wurde im vorchristlichen Brauchtum die Frühlings-Tagundnachtgleiche am 21. März mit einem Freudenfeuer und Opfergaben für die Frühlingsgöttin Ostara gefeiert. Sie gilt als Göttin des strahlenden Morgens, des aufsteigenden Lichtes, sie ist der wiederkehrende Frühling. Im christlichen Brauchtum spiegeln sich die Wurzeln dieses Festes im christliche Osterfeuer wieder, das in manchen Gegenden am Karsamstag entzündet wird.

Ostereier färben

Wesentliche Bestandteile des volkstümlichen Osterbrauchtums sind Hase und Ei als Fruchtbarkeitssymbole. Das Ei ist das Sinnbild für etwas Neues, das am Anfang noch offen steht. Das Suchen versinnbildlicht das Schicksal auf dem Lebensweg, Dinge, die sich nicht vorsehen lassen. Mit den gefundenen Eiern wurde im Volksbrauch allerhand Unsinn getrieben. Die Eier wurden wie Murmeln gerollt und es fanden Wettspiele wie Eierlaufen statt.

Material: Zwiebelschalen, Spinat, Malven, Blutwurz, Krappwurz und Gelbwurz aus der Apotheke, rote Beete, Eier, Wasser, Topf, Essig, Speckschwarte
Alter: ab 4 Jahren (mit Variante)

Die verschiedenen Pflanzen ergeben im Wasserbad unterschiedliche Farben. Zwiebelschalen färben die Eier goldbraun bis rot, Spinat färbt grün, Malven färben blau, Rote Beete färbt die Eier orange, Blutwurz färbt rot, Krappwurz färbt blau, Gelbwurz färbt gelb.
Die Farbintensität hängt davon ab, wie lange die Eier in einem Färbebad liegen.

Das Wasser im Topf zum Kochen bringen.
Je nach gewünschter Farbe Zwiebelschalen oder die anderen Naturprodukte ins Wasserbad legen.
Etwas Essig dazu geben, damit die Eier nicht auslaufen können.
Die Eier mit einem Esslöffel ins Färbebad legen und 10 Minuten kochen lassen.
Mit der Speckschwarte die Schalen blank reiben.
Variante: Die Eier vor dem Färbebad zusätzlich mit einem kleinen Pflänzchen, einem Farn, einen Blatt o. Ä. verzieren. Darüber ein Stück eines Nylonstrumpfes stramm ziehen und an beiden Seiten mit Garn fest abbinden.
Nach dem Färben ist die Stelle, an der die Pflanze lag, weiß.

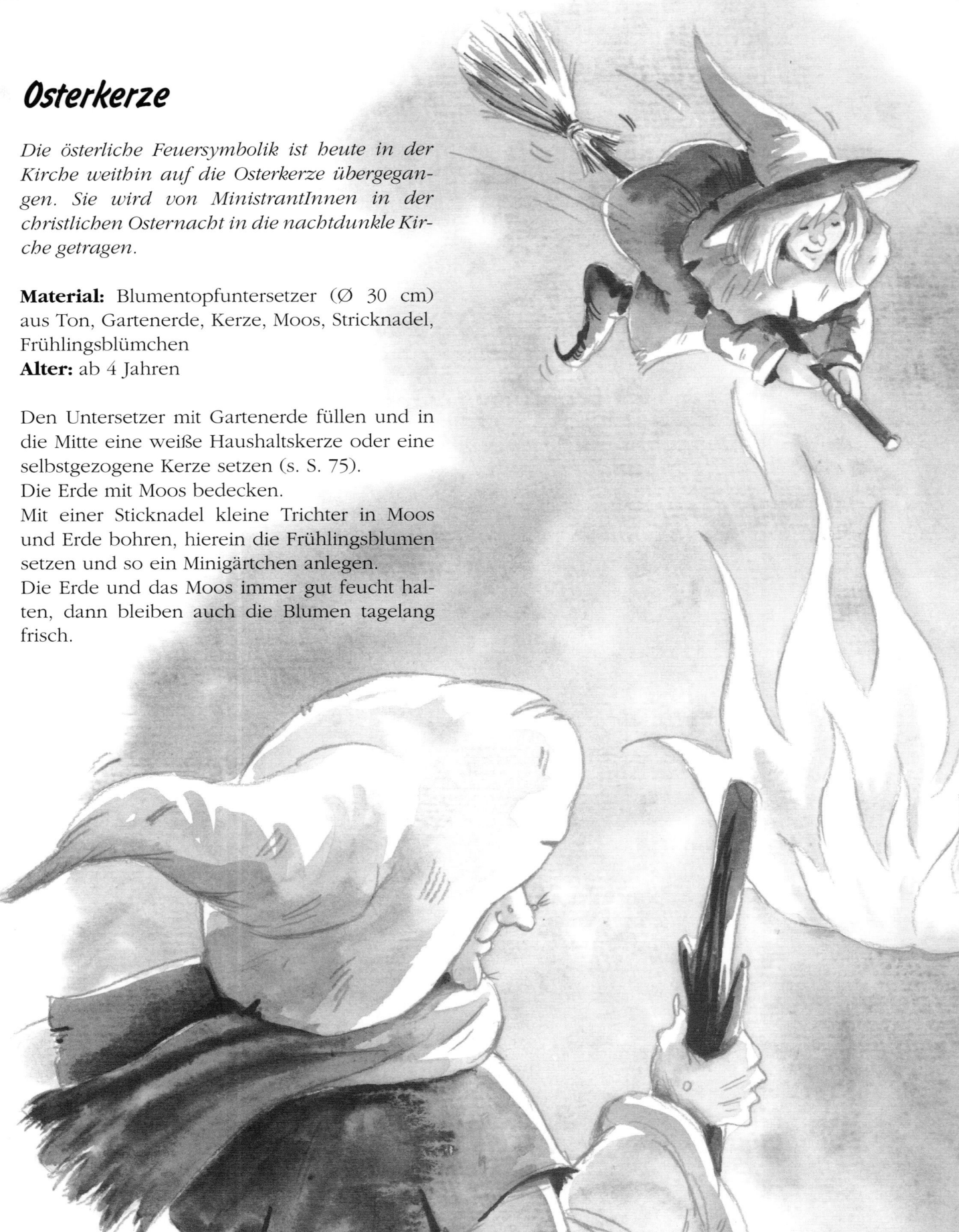

Osterkerze

Die österliche Feuersymbolik ist heute in der Kirche weithin auf die Osterkerze übergegangen. Sie wird von MinistrantInnen in der christlichen Osternacht in die nachtdunkle Kirche getragen.

Material: Blumentopfuntersetzer (Ø 30 cm) aus Ton, Gartenerde, Kerze, Moos, Stricknadel, Frühlingsblümchen
Alter: ab 4 Jahren

Den Untersetzer mit Gartenerde füllen und in die Mitte eine weiße Haushaltskerze oder eine selbstgezogene Kerze setzen (s. S. 75).
Die Erde mit Moos bedecken.
Mit einer Sticknadel kleine Trichter in Moos und Erde bohren, hierein die Frühlingsblumen setzen und so ein Minigärtchen anlegen.
Die Erde und das Moos immer gut feucht halten, dann bleiben auch die Blumen tagelang frisch.

Heia Walpurgisnacht

Das vierte Fest im vorchristlichen Brauchtum war die Walpurgisnacht, in der ursprünglich Feuer entfacht und um das Feuer getanzt wurde. Der Sprung durch das Maifeuer galt als heilend und schützend. Dieses Fest war ein Freudenfest, weil alle Lebenskräfte zum Frühlingsbeginn erwacht sind. Die Nacht war berüchtigt für das Hexentreiben und war deshalb im Mittelalter verpönt. Das christliche Brauchtum hat diese Feierlichkeiten im Kirchenjahr nicht berücksichtigt. Nur der Tanz in den Mai am Vorabend zum 1. Mai weist noch auf ausgelassene Freudenfeste hin.

Maifeuer

Material: Leiterwagen, Proviant (s. S. 41), Hexenverkleidung, Fackeln (s. S. 77)
Alter: ab 4 Jahren (unter Aufsicht)

Die Gruppe verabredet sich am frühen Abend und wandert in Hexen-Verkleidung gemeinsam in den Wald an eine Feuerstelle (s. „Lagerfeuer" S. 38).
Dort wird das Maifeuer entfacht.
(Feuer vorher genehmigen lassen!)
Gemeinsam essen, singen und tanzen alle am Maifeuer.
Ist das Feuer weit genug heruntergebrannt, kann es von mutigen Hexen übersprungen werden.

⚠️ Erwachsene achten darauf, dass keiner kleinen Hexe dabei etwas passiert.

Spät in der Nacht, wenn das Feuer ganz erloschen ist, erhellen Fackeln den Nachhauseweg.

Heia Walpurgisnacht

Text: S. Steffe
Musik: G. Geisinger

Hei - a, Wal - pur - gis - nacht, die He - xen fei - ern bis es kracht.

He - xen seid ihr al - le da? Wal - pur - gis - nacht ist wun - der - bar! Man

nennt mich die Ge - wit - ter - hex, mein Na - me ist Schlum - pu - um - pel, schaut

her, wie ich die Wol - ken hetz', das gibt ein Mords - ge - rum - pel! Wenn's

reg - net, ha - gelt, stürmt, gebt Acht! Ja, dann könnt ihr mich flie - gen sehn auf

ei - nem Blitz quer durch die Nacht. Hi, hi, hi, hi, ha, ha, ha. Die

Flam - men schla - gen lich - ter - loh, die He - xen krei - schen und sind froh. Sie

he - xen sich zum Spaß zwei War - zen auf die Nas'.

Refrain:
Heia Walpurgisnacht
Die Hexen feiern bis es kracht!
Hexen, seid ihr alle da?
Walpurgisnacht ist wunderbar!

2. Man nennt mich die Waldhex, Walburga so heiß ich
Wer mich mal im Wald sieht, merkt gar nichts, das weiß ich
Doch wenn die Sonne untergeht, der Nachtwind durch die Bäume weht
Flieg ich herum, ganz wie besessen, zu einem wilden Hexentreffen
Die Flammen schlagen lichterloh. Die Hexen kreischen und sind froh
Sie hexen sich zum Spaß zwei Warzen auf die Nas'

Refrain: Heia Walpurgisnacht...

3. Man nennt mich die Windhex, mit Namen Rosanna
Gesehn hat mich niemand, doch ihr kennt mein Gejammer
Wenn ich durch meine Backen blase, pfeift euch der Wind gleich um die Nase
Blitzschnell dreh ich im Kreis mich rum, das gibt den tollsten Wirbelsturm
Die Flammen schlagen lichterloh, die Hexen kreischen und sind froh
Sie hexen sich zum Spaß zwei Warzen auf die Nas'

Refrain: Heia Walpurgisnacht...

Mittsommerfest

Das fünfte Fest im Jahreskreis ist die Sommersonnenwende am 21. Juni. Die Sonne hat ihren höchsten Stand, ihre größte Kraft, Helligkeit und Wärme erreicht. An Mittsommer haben wir den längsten Tag und die kürzeste Nacht.
Die Mittsommerwende war immer ein Feuerfest zu Ehren der Sonne. Es wurden und werden mancherorts heute noch Holzstöße entzündet und brennende Fackeln durch die Felder getragen, um sie fruchtbar zu machen und Schaden abzuwehren.
Im christlichen Brauchtum findet sich dieses Jahresfeuer als Johannisfeuer – das Fest von Johannes dem Täufer.

Sonnwendfeuer

Von den Jahresfeuern ist das Sonnwendfeuer das bekannteste. Es diente nach altem Volksglauben dazu, das Böse zu verbrennen und zu verwandeln. Ein Sprung über das glimmende Feuer sollte reinigend wirken, der gemeinsame Sprung von Verliebten über das Johannisfeuer galt als öffentliches Verlöbnis.

Material: Pagodenfeuer (s. S. 48), Zettel und Stifte
Alter: ab 4 Jahren (unter Aufsicht)

Auf einem freien Wald- oder Wiesenplatz ein großes Pagodenfeuer aufschichten und entzünden.
Wenn das Feuer hell auflodert, nach altem Brauch Wünsche oder Sorgen auf kleine Zettelchen schreiben oder malen und ins Feuer werfen.
Die Mutigen springen über das kleiner werdende Feuer.

⚠ Erwachsene achten darauf, dass keinem dabei etwas passiert!

Glühwürmchen

*Pünktlich zum Sonnwendfeuer ist Paarungs-
zeit der Glühwürmchen. Damit sich die
Glühwürmchen in der Nacht auch finden, können sie im Körper Leuchtstoffe bilden, die wir
als Lichtfünkchen wahrnehmen.*

Material: phosphoreszierende Leuchtkreide,
Taschenlampe
Alter: ab 4 Jahren

Vorbereitung:

Als besondere Überraschung für den Rückweg
malt ein Betreuer kurz vor Aufbruch der Kinder
unbemerkt (!) mit ungiftiger Leuchtkreide
kleine Pfeile oder Ähnliches an die Bäume und
strahlt diese mit einer Taschenlampe an.

Nach dem Fest ums Sonnenwendfeuer halten
die Kinder auf dem Nachhauseweg bei Wald-
lichtungen und an Waldrändern nach Glühwürmchen Ausschau.
Die „Glühwürmchensucher" werden staunen,
wenn sie auf ihrem Weg die geheimen Zeichen
entdecken!

Das Sommersonnenwende-Feuer

Text: H. E. Höfele
Musik: W. Bender

22

Heut ist der längs-te Tag im Jahr, die Nacht geht schnell vor - bei. Heut

ist ein schö - ner Som - mer-tag, kommt al - le schnell her - bei. Wir

fei - ern heut ein Som - mer-fest, bis in die dunk - le Nacht, ja,

heu - te wird ein Som - mer - son - nen - wend-feu - er ent - facht. Wir

fei - ern heut ein Som - mer-fest, bis in die dunk - le Nacht.

Ein Festmahl wird heut aufgetischt
Und Lieder laut gesungen
Alle machen heute mit
Die Alten wie die Jungen
Am Feuer sitzen wir im Kreis
Und dann beginnt der Hans
Mit seinem wilden Sommersonnenwend-
Feuer-Tanz
Wir feiern heut ein Sommerfest
Bis in die dunkle Nacht
Heute wird ein Sommersonnenwend-
Feuer entfacht
Wir feiern heut ein Sommerfest
Bis in die dunkle Nacht

Wir fassen an den Händen uns
Und bilden einen Kreis
Alle rund um's Feuer
Die Flammen lodern heiß
Und Lisa traut sich dann sogar
mit einem riesen Schwung
Über das Feuer springt sie dann
Den Sommersonnenwende-Sprung
Und alle springen mit
Und singen laut ein Lied
Wir feiern heut ein Sommerfest
Bis in die dunkle Nacht
Heute wird ein Sommersonnenwend-
Feuer entfacht
Wir feiern heut ein Sommerfest
Bis in die dunkle Nacht

Kräuterweihe

Als sechstes Fest feierten die Menschen in vorchristlicher Zeit Mitte August bei Vollmond ein Fest zur Ernte der Kräuter. Im christlichen Brauchtum wird das Fest als Kräuterweihfest an Maria Himmelfahrt am 15. August gefeiert. Die Kräuter haben zu dieser Zeit die größte Heilkraft erreicht. Nun ist die beste Zeit sie zu ernten.

Kräuterbäder

Material: Kräuter (Melisse, Lavendel oder Rosmarin), Stoffbeutelchen oder Geschirrhandtücher
Alter: ab 3 Jahren

Eine Hand voll Kräuter in ein Stoffbeutelchen geben und ins Badewasser hängen.
Ist kein Stoffbeutelchen vorhanden, Kräuter in ein Geschirrhandtuch wickeln und dieses verknoten.

Kräutertee

Am besten schmeckt der Tee, wenn die Kinder die Kräuter dazu selbst ernten.

Zutaten:
Kräuter (Zitronenmelisse oder Pfefferminze), Wasserkessel, Teekanne

Das Wasser zum Kochen bringen. Die Kräuter in eine Teekanne geben, mit dem heißen Wasser übergießen und 5–10 Minuten ziehen lassen.

Erntedank

Als siebtes Fest feierten die Menschen im Jahreskreis zum Herbstanfang um den 22. September ein Erntedankfest. Schon die Römer feierten Erntefeste; als Dank an die Götter für die Gaben aus der Natur. Auf dem Feld entfachte man das Erntefeuer, umtanzte und übersprang es lärmend.

Das Erntedankfest wird auch in der Kirche gefeiert.

Kartoffelfeuer

Statt Feuerholz wurde für das Kartoffelfeuer früher Kartoffelkraut verwendet. Dieses ist zu Beginn des Herbstes so trocken, dass es sich leicht entzündet. Heute wird es nach der Ernte der Kartoffeln meist gleich untergepflügt.

Material: Kartoffelkraut, ansonsten Feuerholz (s. S. 38), Kartoffeln, Grillzange
Alter: ab 4 Jahren (mit Hilfe)

Wenn Kartoffelkraut vorhanden ist, damit ein kleines Feuer – am besten auf einem abgeernteten Feld – entzünden.

⚠ Brandschutzbestimmungen beachten!

Ist das Feuer so weit heruntergebrannt, dass es nur noch glüht, die Kartoffeln mit einer Grillzange in die Glut legen.

Nach einer halben Stunde sind die Erdäpfel außen verkohlt, aber innen gar, und schmecken in diesem urigen Zustand am allerbesten.

Halloween und Martinsfeuer

Das achte Fest im vorchristlichen Jahreskreis war der dunklen Jahreszeit gewidmet Die Lebenskräfte aus der Natur haben sich unter die Erdoberfläche zurückgezogen, um sich dort auf den Neubeginn vorzubereiten. Dieses Fest hieß „Ahnenfest", weil die Menschen auch der Verstorbenen gedachten. Es wird besonders im angelsächsischen Kulturraum gefeiert und ist uns von dort als Halloween eher bekannt. Im Kirchenjahr wird das Fest als Allerheiligen und Allerseelen gefeiert.

Kürbis aushöhlen

Material: einen großen Kürbis, Brotmesser, Esslöffel, scharfes kleineres Messer, Teelichte
Alter: ab 6 Jahren

Den oberen Teil mit einem Brotmesser abtrennen (Erwachsener) und den Kürbis mit dem Esslöffel innen völlig aushöhlen. (Die Kürbiskerne können geröstet und gegessen werden!) In den ausgehöhlten Kürbis mit dem kleinen Messer ganz nach Belieben Augen, Nase und Mund einritzen.
Etwa vier Teelichte in den Kürbis stellen und entzünden.
Den Kürbis draußen aufstellen und sich im Dunkeln vor dem gespenstischen Licht der Augenhöhlen gruseln!
Hinweis: Die Kürbisse halten etwa eine Woche, danach sollten sie kompostiert werden.

Rübengeister

Das Aushöhlen von Rüben ist mühsamer als das Aushöhlen von Kürbissen. Dafür sehen aber die Geisterchen noch gespenstischer aus.

Material: Zuckerrüben oder Futterrüben (vom Bauern), stabiles Küchenmesser, Löffel
Alter: ab 7 Jahren

Zuerst die Spitze der Rübe abschneiden, entweder gerade oder in Zick-Zack-Linien.
Mit dem Küchenmesser das Fruchtfleisch lockern, mit dem Löffel das Innere herausschaben.
Wie bei dem Kürbis Augen, Nase und Mund nach Belieben in eine Seite der Rübe schnitzen; hierdurch scheint später das Kerzenlicht.
Ein Teelicht auf den Boden der Rübe stellen.

Martinsfest

Licht ins Dunkle bringt der Heilige St. Martin. Er lebte und wirkte im 4. Jh. nach Christus. Mit 15 Jahren trat er in die römische Armee ein. In diese Zeit fällt auch die berühmte Mantelteilung: Er schenkte einem Bettler den halben Mantel. Mit 18 Jahren bekannte sich Martin zum christlichen Glauben und verließ die Armee. 371 wurde er vom Volk zum Bischof von Tours gewählt.

Der bekannteste und wichtigste Brauch ist der Martinsumzug am 11. November, der meistens mit der Darstellung der Mantelszene endet.

Danach wird das Martinsfeuer entzündet.

Dass der Umzug mit Laternen stattfindet, liegt wohl daran, dass schon früh Wallfahrer mit einer Lichterprozession sein Grab besuchten. Nach dem Laternenumzug erhält jedes Kind ein Martinsmännchen aus Hefeteig.

Material: Pyramidenfeuer (S. 38), Laternen, Martinsmännchen

Die Kinder bereiten mit den Erwachsenen das Martinsfeuer vor, indem sie eine passende Feuerstelle aussuchen und ein Pyramidenfeuer aufbauen.

In der Dämmerung gehen sie von dort aus mit ihren leuchtenden Laternen durch die Straßen. Der Umzug endet wieder an der Feuerstelle mit der Aufführung der Martinsgeschichte und/oder dem Verteilen der Martinsmännchen.

Anschließend wird das Feuer entfacht.

Martinslaterne

Material: buntes Transparentpapier, Luftballon, Schüssel, Kleister, Schere, Laternenkerze mit Halter, Nadel, Blumendraht, Laternenstab

Alter: ab 4 Jahren

Den Luftballon aufblasen, verknoten und mit dem Knoten nach unten auf eine Schüssel setzen. Das Transparentpapier in handtellergroße Stücke reißen.

Den Luftballon mit den Händen mit Kleister bestreichen. Darauf das Transparentpapier überlappend kleben. Mehrere Schichten Kleister und Papier auftragen.

Den Ballon 2 – 3 Tage trocknen lassen.

Mit der Schere 5 cm vom Knoten entfernt ein Loch schneiden. Der Ballon platzt und zieht sich in sich zusammen. Einen geraden Rand schneiden und die Reste des Luftballons vorsichtig aus der Laterne entfernen.

Den Laternen-Kerzenhalter von innen durch den Laternenboden drücken und die Enden aufbiegen. So hat die Kerze in der Laterne einen guten Halt.

Mit der Nadel am Rand der Laterne zwei sich gegenüberliegende Löcher bohren. Hierdurch einen Blumendraht von ca. 30 cm fädeln, die Drahtenden jeweils 2 cm durch ein Loch führen um die Drahtaufhängung wickeln. In der Mitte den Blumendraht so verdrehen, dass eine kleine Schlinge zum Aufhängen am Laternenstab entsteht.

Martinsmännchen

Zutaten:

Hefeteig, Rosinen

Die Kinder erhalten jeweils ein Stück des Teiges, wellen ihn aus und formen oder schneiden die Martinsmännchen (s. Abb.) aus. Für jüngere Kinder evtl. eine Schablone vorbereiten.
Die Rosinen stecken sie als Augen und Mund in den Teig.
Die Männchen auf einem gefetteten Blech bei 180 °C 45 Minuten backen.

Adventszeit

Der Martinstag galt allgemein als Winteranfang. Es folgt im Jahreskreis die Zeit vor Weihnachten, in der alle Vorbereitungen für das kommende Fest getroffen werden. Der Kreis schließt sich mit Weihnachten bzw. der Wintersonnenwende.

Der Brauch einen Adventskranz zu binden ist relativ jung. Er geht auf J. H. Wichern zurück, der 1838 in seinem „Rauhen Haus", einem Kinderheim, jeden Tag im Advent eine Kerze auf einen Holzkranz setzte und entzündete. An Weihnachten erhellte dann ein großer Lichterkranz den Raum. Ab 1860 wurde der Holzkranz mit Tannenzweigen umwunden. Seit dieser Zeit war es Brauch, jeweils an den Adventssonntagen eine neue Kerze zu entzünden. So stehen heute vier Kerzen auf dem Adventskranz. Zu den Weihnachtsvorbereitungen gehört das Backen von Weihnachtsplätzchen. Buttergebäck ist einfach herzustellen und macht den Kindern am meisten Spaß. Dabei geht es gar nicht so sehr um den späteren Verzehr, als vielmehr um das Ausstechen der Plätzchen mit möglichst vielen verschiedenen Formen und das anschließende Verzieren.

Apfellichter

Material: roter Apfel, Apfelausstecher oder kleines Haushaltsmesser, Haushaltskerze oder selbst gezogene Kerze (s. S. 75), Tannenzweige
Alter: ab 4 Jahren

In einen schön rotpolierten Apfel mit einem Apfelausstecher ein ca. 3 cm tiefes Loch ganz senkrecht ausstechen.
Die Kerze hineinstecken und mit kurzen Tannenzweigen umgeben. So hat die Kerze einen besseren Halt.

Bratäpfel

Zutaten:
große rote Äpfel, Rosinen, Pistazienkerne, Zimt, Butter

Die Äpfel mit einem Apfelausstecher oder einem kleinen Messer vom Kerngehäuse befreien. Rosinen, Pistazien und etwas Zimt mischen und in die Äpfel füllen.
Die Äpfel auf ein mit Butter gefettetes Kuchenblech setzen.
Im Backofen bei ca. 200 °C solange braten, bis ein herrlicher Duft durch die Räume zieht und die Schalen der Äpfel braun werden.

Heiße Maroni

Am meisten Spaß macht das Rösten, wenn die Kinder die Esskastanien vorher im Wald bei einem Spaziergang selbst gesammelt haben.

Zutaten:
Esskastanien oder Maroni

Die Kastanien auf ihrer gewölbten Seite in Längsrichtung mit einem scharfen Küchenmesser tief einritzen. (Vorsicht: Schnittgefahr!)
Die so vorbereiteten Kastanien auf ein Kuchenblech legen und in den Ofen schieben.
Kastanien und Bratäpfel können gemeinsam im Ofen braten.
Im Anschluss wird es richtig gemütlich, wenn die Kinder gemeinsam die geschälten Maroni und Bratäpfel mümmeln.

Es prasselt, knattert, pufft und knistert

⊙ 28
Text: M. Maser

*Besonders stimmungsvoll wirkt dieses Gedicht, wenn es beim Vortragen mit der Musik von
„Es ist wirklich feurig heiß" (s. S. 8) untermalt wird.*

Es spricht zu uns mit vielen Zungen
Zu Alt und Jung, zu Groß und Klein
Von alters her wird es besungen
Und lädt auch uns zum Singen ein

Es prasselt, knattert, pufft und knistert,
wabbert, lodert, glimmt und glüht
Mit der Luft ist es verschwistert
In die es seine Funken sprüht

Es tanzt in wildester Erregung
Wirbelt, dreht sich, hüpft und springt
Bis es erschöpft von der Bewegung
Zu stiller Glut zusammensinkt

Es ist gefräßig und gefährlich
Zerstörerisch, des Lebens Feind
Zum andern aber unentbehrlich
Für Wärme, Schutz und Helligkeit

Es ängstigt uns und ist uns teuer
Es schlägt uns tief in seinen Bann
Unbegreifbar ist das Feuer
Und zieht uns dennoch magisch an

PROJEKTE

Im Kindergarten

Wird das Thema „Feuer" längerfristig im Kindergarten angeboten, können die verschiedenen Aspekte der fünf Kapitel schwerpunktmäßig behandelt werden.

Wo kommt das Feuer her?

Nach einem Erzählkreis, bei dem die Kinder ihre bisherigen Erfahrungen und ihr Wissen einbringen, vermittelt die Gruppenleitung mit eigenen knappen Worten, wie unsere Vorfahren das Feuer in der Natur entdeckten.

Die Sonne:

Gemeinsam geht es bei schönem Wetter hinaus in den Garten und mit Lupe und Papier wird der Beweis angetreten, dass die Sonne selbst ein Feuer entfachen kann (*Göttlicher Funke*).
Die Kinder werden zu Naturforschern und gewinnen nach und nach neue Einsichten über den feurigen Himmelskörper. (*Die Sonne beobachten, Der Lauf der Sonne, Die Sonnenuhr, Sonnenstrahlen fangen, Regenbogen selbst gemacht, Der Sonnenzeppelin*)
Der gemeinsame Bau eines *Sonnenbackofens* und das Garen und Wärmen einfacher Speisen machen deutlich, dass die Sonne ein wichtiger Energieträger für uns sein kann.
Durch die Spiele mit der Sonne werden diese neuen Einsichten mit dem ganzen Körper erfahren und verinnerlicht. (*Im Osten geht die Sonne auf, Das Sonnenkarussell, Die wärmende Sonne, Schatten fangen, Schattenmalerei*)

Ein Sonnenfest als Sommerfest im Kindergarten kann die Beschäftigung mit der Sonne abrunden. Hier zeigen die SonnenforscherInnen den Eltern ihre Basteleien in einer Ausstellung und führen die Spiele mit der Sonne ihrem Publikum vor. Die Kinder schminken und verkleiden sich als Sonnen nach Belieben. Gelbe Bänder, Ballons und andere Dekorationen stimmen auf das Thema ein. Zum Schutz vor der Sonne gibt es Sonnenschirme. Zu Essen gibt es kleine Sonnen aus Hefeteig und zu Trinken frische Sommergetränke.

Blitz und Donner:

In einem Erzählkreis setzt die Gruppenleitung wieder an den Erfahrungen der Kinder zum Thema an. Sie erzählt mit eigenen Worten, was ein Blitz ist (*Blitze – Feuer das aus dem Himmel kommt*) und liest das Märchen *Wie die Spinne das Feuer brachte* vor. Beim Fingerspiel *Ein Sommergewitter* können die Kinder Blitz und Donner mit eigenen Bewegungen nachvollziehen. Beim musikalisch umrahmten Dunkelspiel *Die Blitze des Zeus* geht das Thema richtig unter die Haut und der Versuch *Elektrische Ladung sichtbar machen* weckt den Forschergeist.

Vulkane – Feuer speiende Berge:

In einem Erzählkreis vermittelt die Gruppenleitung mit eigenen Worten die entsprechenden Sachinformationen (s. S. 30). Beim *Tanz auf dem Vulkan* wird das Phänomen „Vulkanismus" ganzheitlich nachvollzogen. Der Versuch *Ein Vulkan bricht aus* lässt die Kinder den ungeheuren Druck in einem Vulkan erahnen.

Wie wird Feuer gemacht?

Das Lagerfeuer:

Die Gruppe überlegt gemeinsam, wann und wo ein Lagerfeuer entfacht werden kann (Schutzvorschriften beachten, S. 38), was dabei zu beachten ist und wie das Feuer wieder gelöscht werden kann. Die Verantwortung trägt hierbei ein Erwachsener, die Kinder sollen aber in die Überlegungen miteinbezogen werden, damit sie zum überlegten Umgang mit dem lodernden Feuer kommen und sich mit dieser Aufgabe identifizieren (Das sichere Anlegen, Anzünden und Hüten des Feuers, S. 38). Auch die Speisen *Stockbrot* und *Knüppelkuchen* können gemeinsam mit den Kindern vorbereitet werden. Die Geschichte *Ein Fest für Feuergeister* eignet sich zum Vorlesen am Feuer, das Gedicht *Es prasselt, knattert, pufft und knistert* bietet sich zum Vortragen am Lagerfeuer an. Höhepunkt ist die Verleihung des Hütepasses für jedes Kind. Zum Nacherleben und Nachspielen eignen sich *Der Feuergeister-Flammentanz* und die *Feuermusik*.

Das Grillfeuer:

Auch hier werden die Kinder in die Vorüberlegungen und die Durchführung mit einbezogen (s. S. 49). Gemeinsam können die Speisen vorbereitet werden. Der Schwerpunkt liegt hier auf Kohle, Rauch, Ruß und Asche. (*Kohlestifte herstellen, Rauchkringel, Rußmalerei, Fruchtbare Asche*)

Wozu wird Feuer gebraucht?

Die Nutzung der Wärme:

Wenn es technisch machbar ist, wäre es schon für Kindergartenkinder ein eindrucksvolles Erlebnis, gemeinsam einen Lehmofen zu bauen. Wo das nicht möglich ist, können nachfolgende Aktivitäten in diesem Kapitel mit konventionellen Herden realisiert werden. Als Geschichte eignet sich *Backen zu Urgroßmutters Zeiten*. Auf jeden Fall lassen sich *Zwergenöfen* bauen. Eine längere Beschäftigung rund ums Backen schließt sich an. (*Flammkuchen, Brot*)

Auch das Töpfern gelingt im normalen Backofen, wenn das richtige Material dazu gewählt wird. Beeindruckender ist allerdings der Brand im *Lehmofen* oder eine Tagesaktion beim *Feldbrand*. Den Kindern gelingen in diesem Alter mühelos *Tonmurmeln und Perlen* und die *Sonnenscheibe*. Ein Besuch in einer Bäckerei vertieft die Erfahrung mit dem wärmenden Feuer.

Die Nutzung des Lichtes:

Als Einstieg eignet sich ein Erzählkreis zum Thema. Die Kinder werden ihre Vorerfahrungen und ihr Wissen berichten. *Wo hat sich Feuer versteckt?* kann die Beschäftigung mit dem Lichtaspekt des Feuers einleiten. Die Gruppenleitung kann dann mit eigenen Worten von der Entwicklung des Lichtes erzählen (s. S. 73).

Bienenwachskerzen ziehen, Kerzen gießen, Geburtstagskerze und *Leuchtturmkerze* runden die Beschäftigung mit dem leuchtenden Feuer ab.

Wie wird Feuer gelöscht?

Beim *Tanz der Elemente* erleben die Kinder die Elemente Feuer, Erde, Wasser, Luft und wie sie sich gegenseitig beeinflussen. Erste Versuche mit einer Kerze vermitteln wertvolle Einsichten zu den verschiedenen Löschtechniken. (*Feuer braucht einen Brennstoff, Wie kommt das Wachs zur Flamme, Warum erlischt eine Kerze unter einer Glashaube?, Löschen mit Luftdruck, Löschen mit Wasser, Löschen mit Sand und Erde*)

Die Feuerwehr – Experten bei der Brandbekämpfung:

Die Kinder basteln gemeinsam *Feuerwehrfahrzeuge* und eine *Feuerwache*. Beim Spiel *Wasser marsch* ist Wasser und viel Spaß dabei, mit einer *Kübelspritze* wird echtes Handwerkszeug der Feuerwehr ausprobiert, die *Hydranten-Rallye* klärt die Frage: Wo kommt das Löschwasser her? Wird *Schutzkleidung gebastelt*, fühlen sich die Kinder bald selbst wie Feuerwehrleute; das *Feuerwehrübungsspiel* und *Was tun wenn's brennt* sind optimale Vorbereitungen für den *Besuch bei der Feuerwehr*.

Feuerbräuche im Jahreskreis

Das fünfte Kapitel „Feuerbräuche im Jahreskreis" rundet die Beschäftigung mit dem Feuer ab. Ist das Feuer durch die vorangegangenen Kapitel von Grund auf „erforscht", wird es hier zum kulturellen Ereignis. Ein Fest, bei dem ein Feuer angezündet wird, bleibt den Kindern lange als großes Erlebnis in Erinnerung. Von daher lohnt es sich, die Jahresfeuer als Anlass zu nehmen, sich mit den Eltern und Geschwistern der Kinder auch mal am Abend im Kindergartenhof oder auf einer geeigneten Waldlichtung zu versammeln, um ein Feuer zu entzünden.

In der Schule

Die Beschäftigung mit dem Feuer kann in der Grundschule im Grunde vom Aufbau her wie im Kindergarten gestaltet werden. Die Märchen und Sagen können von den Schülern ab Klasse 2 selbst vorgelesen werden. Hinzu kommen die Beschäftigungen, Bastelanregungen und Versuche für ältere Kinder.

Zur Brandschutzerziehung in den Klassen 1 bis 4 der Grundschule

Das Buch orientiert sich an der Handreichung zur Brandschutzerziehung, herausgegeben vom Kultusministerium (1996, s. Literaturliste im Anhang). Es stellt die Verknüpfung zum Bildungsplan für fächerverbindende Themen (s. *Feuerbräuche im Jahreskreis*) als auch zum Heimat- und Sachkundeunterricht her (*Wie das Feuer zu den Menschen kam, Die Zähmung des Feuers, Die Nutzung des Feuers*).

Das Kapitel *Die Kunst des Feuerlöschens* eignet sich in besonderem Maße für die Brandschutzerziehung der vierten Grundschulklasse, weil hier alle wichtigen Versuche sowohl zum Brennvorgang als auch zum Löschvorgang anschaulich anhand einer Kerze dargestellt sind und auf die Aufgaben und Ausrüstung der Feuerwehr vertiefend eingegangen wird. Außergewöhnlich für den Unterricht und sehr empfehlenswert ist die gemeinsame Entwicklung des Brettspieles *Was tun wenn's brennt*, weil die SchülerInnen sich durch Eigenaktivität die Maßnahmen zur Brandverhütung und zum Verhalten im Brandfalle spielerisch erarbeiten. Das gilt genauso für das *Feuerwehrübungsspiel*, bei dem die Kinder auf witzige Weise alle wichtigen Elemente einer Feuerwehrübung selbst erleben können.

Mögliche Themen für Projekttage

- **Vom himmlischen Ursprung und der irdischen Nutzung des Feuers**
  (schwerpunktmäßig *Wie das Feuer zu den Menschen kam* und *Die Nutzung des Feuers*)
- **Feuerstellen in der Steinzeit**
  Ein- oder mehrtägig werden die entsprechenden Aktivitäten aus *Die Zähmung des Feuers* zum Schwerpunkt gemacht.
- **Altes Handwerk mit dem Feuer**
  Ein- oder mehrtägig werden die Aktivitäten aus *Die Nutzung des Feuers* zum Schwerpunkt. Backen, Töpfern und Schmieden stehen im Mittelpunkt.

An weiterführenden Schulen

An weiterführenden Schulen können auch die Sachtexte von den Schülern im Original gelesen werden. Hier wird zwar mehr Wert auf die Vermittlung von Sachinformationen gelegt, das ganzheitliche Tun sollte aber nicht vernachlässigt werden. Für das Fach Naturphänomene ist die „Naturgeschichte einer Kerze" von Faraday in besonderer Weise für den Unterricht geeignet. Zu einigen Versuchen wird allerdings dann ein Chemielabor und die Fachkompetenz eines Physikers und Chemielehrers gebraucht.

Für Kinder- und Jugendfreizeiten

Das Solarcamp
(für Kinder ab 8 Jahren)

Dieses Projekt kann eintägig angeboten werden. Alle Beschäftigungen mit der Sonne sind Inhalt dieses Tages.

Die TeilnehmerInnen treffen sich zuerst im Plenum, hören die *Prometheussage* und sammeln Infos über die Sonne. Anschließend teilen sie sich in Untergruppen, stellen *Prismen* her, bauen einen *Solarbackofen*, machen Versuche mit dem *Sonnenzeppelin* usw. Am Mittag werden die Ergebnisse der Untergruppen präsentiert und gemeinsam noch Sonnenspiele gespielt bis zum Sonnenuntergang.

Für eine mehrtägige Aktion eignet sich ein Zeltlager. Weiterführend werden Solarspielzeuge hergestellt und eine Einführung in Solarstromerzeugung gegeben. Interessierte wenden sich an die im Anhang aufgeführten Solaradressen.

ANHANG

Adressen

Museen

- Deutsches Feuerwehrmuseum e.V., St. Laurentiusstr. 3, 36041 Fulda, Tel. 0661 / 75017
- Ofen- und Keramikmuseum, Wilhelmstr. 32, 16727 Velten, Tel. 03304 / 31760
- Deutsches Museum, Museumsinsel 1, 80538 München, Tel. 089 / 21791
- Auto- und Technikmuseum, Obere Au 2, 74889 Sinsheim, Tel. 07261 / 92990 (Abteilung mit Dampfmaschinen und -Traktoren)
- Deutsches Keramik-Museum (Hetjens-Museum), Schulstr. 4, 40213 Düsseldorf, Tel. 0211 / 8994210
- Feuerzeugsammlung, Jürgen und Gudrun Abeler, Poststr. 11, 42103 Wuppertal, Tel. 0202 / 493990
- Römisch-Germanisches Museum, Roncalliplatz 4, 50667 Köln, Tel. 0221 / 2214438
- Forstverwaltung Bad Freienwalde mit Köhlerei, 16259 Bad Freienwalde, Tel. 03344 / 5392
- Köhlerei Jatznick, Rothemühler Chaussee 2, 17309 Jatznick, Tel. 039741 / 80892
- Zinnfigurenmuseum, Auf der Plassenburg, 95326 Kulmbach

Solarenergie

- DFS Deutscher Fachverband Solarenergie e.V., Christaweg 42, 79114 Freiburg, Tel. 0761 / 4763213
- Solid Solarenergie Informations- und Demonstrationszentrum GmbH, Heinrich-Stranka-Str. 3-5, 90765 Fürth, Tel. 0911 / 792035
- Solarenergiezentrum Oberseifersdorf, Hauptstr. 71, 02763 Oberseifersdorf, Tel. 03583 / 708405

Spielaktionen zum Thema Feuer

Spielhaus Richtersche Villa e.V., Schwarzburger Chaussee 74, 07407 Rudolstadt, Tel. 03672 / 411451

Im Spielhaus Richtersche Villa lernen Kinder jeden Alters, sich das Feuer auf vielfältige Weise dienstbar zu machen. Hier wird unter fachgerechter Anleitung geschmiedet, Zinn gegossen, Kerzen gezogen, Brote oder Pizza im Lehmofen gebacken oder Knüppelkuchen am offenen Feuer geröstet. Historische Geräte und Arbeitsmaterialien stehen zur Verfügung. Auf Wunsch kommen die Mitarbeiter des Spielhauses auch in andere Einrichtungen oder Gemeinden.

Register

Rezepte

Lieder

Verwendete und weiterführende Literatur

- Meyers Jugendbibliothek, Feuer – Freund oder Feind, Meyers Lexikonverlag, 1994
- Handreichungen zur Brandschutzerziehung, Herausgeber Innenministerium Baden-Württemberg, Neckar-Verlag GmbH Villingen-Schwenningen, 1996
- Winnie ist Feuer und Flamme, multimediale Datensammlung zum Themenkomplex „Feuer", Cornelsen Verlag Berlin, 1998
- Horst A. Brunner, Feuer und Feuerschlagmesser, Verlag Huber Frauenfeld, Stuttgart 1998
- Was ist was, Band 57, „Vulkane", Tessloff Verlag Nürnberg, 1999
- David Pyle, Vulkane der Welt, Karl Müller Verlag, 1998
- Andreas Piehl, Die Feuerwehr, Loewe Verlag Bindlach, 1999
- Schüssler/Simon/Warth, Entstehung, Schönheit und Rätsel der Hohenloher Feuersteine, Verlag Eppe, bergatreute, 1999
- Walter Kraul, Spielen mit Feuer und Erde, Verlag Freies Geistesleben, 1997
- Barbara Woelke, Geschenk des Himmels, Fluch der Götter, Kleine Kulturgeschichte des Feuers, Verlag E. u.U. Brockhaus, Solingen, 1994
- Gisela Walter, Feuer, Die Elemente im Kindergartenalltag, Herder Freiburg, 1997
- Jeannette Eckert-Ullrich, Kerzen gießen und verzieren, Englischverlag Wiesbaden, 1997
- Michael Faraday, Naturgeschichte einer Kerze, Herausgeber Peter Buck Franzbecker Verlag, Hildesheim, 1979
- Gisela Nührenbörger, Kathrin Kassun, Flammende Erlebnisse mit Fridolin Brenzlich, Provinzial, 1996
- Walter Hansen, Das Pfadfinder-Taschenbuch, Tipps, Tricks Abenteuer, Ueberreuter, Wien, 1997
- Siegfried Volz, Brandschutzerziehung in Schulen, W. Kohlhammer Verlag Stuttgart, 2. Aufl. 1997
- Catherine de Lasa, Feuerwehren im Einsatz, Ravensburger Buchverlag, 1998
- Rolf Schick, Erdbeben und Vulkane, C.H.Beck, 1997
- Claudia Lorenz-Ladener, Hrsg., Holzbacköfen im Garten, Bauanleitungen für Lehm- und Steinöfen, ökobuch Verlag, Staufen bei Freiburg, 1998
- Udo Lange, Thomas Stadelmann, Spiel-platz ist überall, Herder Freiburg,1996
- Franziska Schneider-Stotzer, Von Pfingsten, Mittsommer, Zwergen und Elfen, rex verlag Luzern, 2000
- Hermann Kirchhoff, Christliches Brauchtum, Feste und Bräuche im Jahreskreis, Kösel München, 1995
- Freya Jaffke, Feste im Kindergarten und Elternhaus, Teil 1 und 2, Verlag Freies Geistesleben, 1997
- Ditte und Giovanni Bandini, Kleines Lexikon des Aberglaubens, Deutscher Taschenbuch Verlag, München, 1998
- Cordula Flecke, Kreisen Frauenrituale und Feste, Selbstverlag Anna Dinkelmann
- Ziriah Voigt, Ritual und Tanz im Jahreskreis, Verlag Gisela Meussling, 1997
- Wolfgang Hornung-Arnegg, Feuerwehrgeschichte, Kohlhammer Verlag, 4. Aufl. 1995
- Hahn, Müller-Beck, Taute, Eiszeithöhlen im Lohnetal, Konrad Theiss Verlag, Stuttgart 1985
- Alexander Demandt, Die Kelten, Verlag, C. H. Beck, München 1998
- Hans-Peter Hasenfratz, Die religiöse Welt der Germanen, Verlag Herder, Freiburg i. Br. 1992

- Hajo Banzhaf, Der Mensch in seinen Elementen, Hugendubel Verlag, München 1993
- Barbara Hutzl-Ronge, Feuergöttinnen, Sonnenheilige, Lichtfrauen, Verlag Frauenoffensive, München 2000
- John Seymour, Vergessene Künste, Bilder vom alten Handwerk, Urania Verlag, Berlin 1998
- Schott/Ritter, Feuerwehr Grundlehrgang, 7. überarbeitete Auflage, Wenzel-Verlag, Marburg, 1991
- Fritz Blümel, 5000 Jahre Backofen, Schriftenreihe des Deutschen Brotmuseums e.V., Ulm 1977
- Wilhelm Hartmann, Theorie und Praxis der Bäckerei, Wilhelm Hartmanns Verlagsbuchhandlung, Berlin 1901

Die Autorin

Sybille Günther, 1957 in Heidelberg geboren, ist Diplom-Sozialpädagogin und unterrichtet das Fach Spiel an einer Fachschule für Sozialpädagogik. Neben dem Fächerunterricht ist sie in der Ausbildung von Mentoren tätig und gibt Fortbildungen für LehrerInnen und ErzieherInnen. Sie bietet Kinderkurse für Schwarzes Theater und themengebundene Spielaktionen an. Bisher im Ökotopia-Verlag erschienen sind von Sybille Günther *iftah ya simsim – Spielend den Orient entdecken* und *Das Zauberlicht – Spiele, Aktionen und Theater mit Schwarzlicht für Kinder.*

Im Sternzeichen des Schützen und damit als Feuerzeichen geboren fühlte sie sich als „Hüterin des Feuers" schon immer von der lodernden Flamme magisch angezogen. Am Lagerfeuer hat sie mit Hartmut E. Höfele, dem Produzenten der zum Buch gehörenden CD, schon einige Kinder und Feuergeistchen gehütet. Sie freut sich über dieses erste gemeinsame Projekt im Verlag.

Über den Spieleladen der Autorin kann alles Zubehör für das Werk mit dem Feuer direkt bezogen werden.

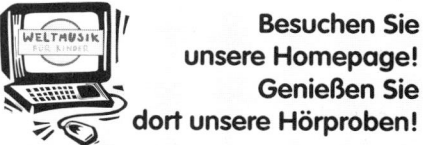

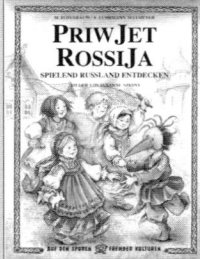